儿童如锦 师如梭

——珠海市香洲教育幼儿园常思园本课程立体化建构之路

吕 喆 朱小艳◎主编

北京燕山出版社
BEIJING YANSHAN PRESS

图书在版编目（CIP）数据

儿童如锦　师如梭：珠海市香洲教育幼儿园常思园
本课程立体化建构之路 / 吕喆，朱小艳主编. — 北京：
北京燕山出版社，2021.1
　　ISBN 978-7-5402-5878-8

Ⅰ.①儿… Ⅱ.①吕… ②朱… Ⅲ.①幼儿园—课程
—教学研究 Ⅳ.①G612

中国版本图书馆CIP数据核字（2021）第002650号

儿童如锦　师如梭：珠海市香洲教育幼儿园常思园本课程立体化建构之路

主　　编	吕　喆　朱小艳	
责任编辑	满　懿	
出版发行	北京燕山出版社	
地　　址	北京市丰台区东铁匠营苇子坑138号C座	
电　　话	010-65240430	
邮　　编	100079	
印　　刷	北京政采印刷服务有限公司	
经　　销	新华书店	
开　　本	170mm×240mm　16 开	
字　　数	302千字	
印　　张	16.75	
版　　次	2022年4月第1版	
印　　次	2022年4月第1次印刷	
定　　价	45.00元	

儿童如锦 师如梭

序言

　　2020年是不平凡的一年。在超长假期中，我受邀到深圳博乐思教育公司开展关于园本课程的线上讲座，这是近年来幼儿园十分关注的话题。作为园长的我，十几年来，也在孜孜以求地和老师们一起探讨、实践、思考、总结园本课程。通过梳理，我顺利完成了六个课时的香洲教育幼儿园园本课程的回顾与总结，取得了良好的成效。在一个月的时间里，有5000多人次线上听课。

　　现在，喜闻香洲教育幼儿园园本课程的成果集即将出版，我百感交集。超长假期留给我们一些空间，让我们对既往工作进行深入思考，从这个意义上来说，亦是一种补偿吧！

　　香洲教育幼儿园园本课程经历了借鉴模仿、主动建构和自主发展三个阶段。

　　借鉴模仿阶段（2009—2014年）：为了解决后勤管理无序、低效的问题，香洲教育幼儿园借鉴了日本企业优质管理"五常法"的思路与精髓，将其迁移到幼儿园的物品、环境和幼儿生活用品的管理中，树立了幼儿园高效、环保、有序的形象。其间，老师们创造性地将"五常法"的理念运用在培养幼儿良好行为习惯、支持幼儿走向独立的教育路径上，将"游戏法""儿歌法"等融入"目视管理"的实践之中，并取得了显著的成效。2015年，"'五常法'在幼儿园班级常规建设中的运用研究"获珠海市香洲区教育科研成果一等奖；课题成果《当幼儿园遇到5S之环境篇》《当幼儿园遇到5S之主题篇》在广东教育出版社出版发行。

　　与此同时，为了转变教师存在的分科教学的"小学化"惯性思维和教育观念，香洲教育幼儿园引进了北京东方之星的思维游戏课程，尤其是借助他们的教研优势对幼儿园教师进行深入细致的培训，下沉到课堂和幼儿中去，引导教师重视幼儿的操作、互动，重视小组和个别学习，重视幼儿如何学、学得怎样等，使教师的教育行为发生了根本的改变。

主动建构阶段（2015—2018年）：香洲教育幼儿园教师如饥似渴地学习国内外先进的幼教理论与实践，如蒙台梭利教育、华德福教育、高瞻课程、新西兰学习故事等，每次学习都会带来思考与创新。教师逐渐形成了个人教学偏好，将自身的优势领域融入个人的教学实践中并形成了独特的教学风格，幼儿园涌现了一批省、市、区名教师、学科带头人、青年骨干教师，十多位教师走上了园长的岗位，在珠海市各个区的不同类型的幼儿园发挥着引领作用。通过多年的实践与总结，幼儿园编制了"园本课程包"，教师根据班级实际，将园本课程班本化，课程模式百花齐放，一派欣欣向荣。幼儿园成为广东省第一批《3—6岁儿童学习与发展指南》实验园，省级课题"在自主性活动中提升教师观察行为的实践研究"顺利推进，研究成果在全市得到推广。《破土的力量——幼儿园青年教师专业成长工作室手记》是一本反映香洲教育幼儿园青年教师成长历程的图书，书中翔实地记录了教师在主动建构课程的过程中，历经新旧观念的冲突、新老交替的碰撞，智慧的火花呈燎原之势，教师们在其中历练、成长，各类名师破茧而出。那是一段激情燃烧的岁月，那是一段人才辈出的璀璨时光。

自主发展阶段（2019年至今）：当课程由封闭走向创生和开发，教师从自上而下的被动执行课程走向自下而上的课程决策，从教材中心走向幼儿为本、教师为重两者互为发展时，"多元融合"的课程建构与发展特色逐步凸显，课程将玩与学有机地融合在一起，让幼儿学习在喜闻乐见的游戏中悄然发生；课程将幼儿的生活和学习融合在一起，课程的开展过程，就是幼儿生活的过程；课程既能够符合大部分幼儿身心发展的规律与特性，又能够让拥有不同个性的幼儿都能够成功，将共性与个性融合为一体；课程是幼儿园文化的载体，将幼儿园的人文文化、环境文化和制度文化自然地融合在一起；课程更是生命与生命对话的过程，是多方参与科学动态建构与管理的过程，是教与不教共生、预设与生成共融的过程。2018年幼儿园申报的课题"常思园本课程的立体化建构"被立项为香洲区重点课题。2019年全园参与、集体研讨，以"让每个孩子都拥有良好的人生开端"为办园宗旨，以将孩子塑造为"体魄强健、自主管理、快乐思维"身心和谐发展的一代新人为培养目标，确立了"四大家"（生活家、社会家、艺术家、探索家）板块的"常思课程"架构，以期达成支持幼儿走向独立、教师走向自主的园本课程愿景。

课程领导力是幼儿园园长领导力的重要一环，在园本课程的推进与发展中，我对以下几个方面进行了深入思考。

一、如何理解孩子的全面发展

在课程建构中，教师常常会在思考一个主题时，将五大领域中的内容都预设进去，认为只有这样才能让孩子全面发展。但现实是，依照孩子兴趣走向的主题往往不按教师的预设进行，"怎样才能体现孩子的全面发展""什么样的教育才能达成孩子的全面发展"这些问题一直困扰着一线教师。我们在谈论全人教育时要意识到，目前对此并没有一个唯一确定的定义。这个行业内的所有人，包括行业外所有关心教育的人，都是透过描摹自己心中的理想教育，在试图理解和解释它。我所认为的全人教育，绝对不是孩子在国家颁布的《幼儿园教育指导纲要（试行）》中提到的五个领域甚至更多方面都得到全面的、均衡的发展，而是我们在这些领域，提供各种各样的学习机会，让孩子们在这五个领域中有丰富多样的学习体验，在其中自由自在地展现自己的天性禀赋，在其中看到自己的成长发展，并为之感到喜悦。

作为幼儿阶段的教师，我们不应该有太强的企图心，不应该只有在孩子一定达到某个领域外在的标准时，认为这个孩子在这个领域完成了相应的学习要求，才是优秀的，是全面发展的。幼儿阶段的教育，如果教师对孩子有过多操控，即便目标是对的、好的，也会妨碍他们自我意识的发展，破坏孩子的内驱力和意志力，让他们无法透过与外界的相互调适来学习。

在我看来，即使孩子擅长或喜欢的领域特别少，只专注于某一件或者有限的某几件事情，他也能够在看起来十分有限的经验中，穷尽人发展的各种可能性，获得身体发展、感官发展、认知发展、情感发展、社会发展。他的感知、意志、热情、力量、沟通、判断、分析、综合等的全面发展，不需要等同于五个领域或更多领域的全部A等。

二、如何理解教师的专业发展

如果我们承认每个孩子都是不一样的，我们能够尊重孩子的多样性和不同的可能性，我们认同儿童课程需要体现适切性；那么，站在终身学习、终身发展的角度来看，教师专业发展的路径也应该是多样的。教育管理者为教师的专业发展提供支持，需要体现适切性。当下教师的专业发展道路，大致可以归纳为"五项全能"：

①需要参加各种专业培训；②要写论文；③需要上公开课；④编写教材、教案；⑤做年轻教师的导师。

"五项全能"是教师专业发展的常规路径，每一项对教师专业成长都有好处，都是在帮助教师从无意识的琐碎工作中，有意识地积累自己成功的策略和案例。当经验、案例积累多了以后，并从中找到共性和规律，进而找到什么更适合自己，什么更适合某个年龄的孩子，什么更适合我们这个幼儿园。教师也慢慢地从庸常中超拔出来，成为一个有意识的专业思考者和实践者。但实际上，我们又会发现，能做到"五项全能"的教师不是大多数，教师总会有一些擅长和不擅长的方面，如，有些教师擅长与孩子一起活动、游戏，是孩子们喜欢的大哥哥、大姐姐，但不喜欢写文章；有些教师擅长做培训导师，但回到班级带孩子，却不尽如人意；有的教师带领孩子做音乐游戏、戏剧表演很不错，但在体育活动或户外锻炼方面却不擅长；有的教师喜欢绘本阅读，但对科技、手工类却犯怵……

那么，教师专业发展是必须"五项全能"，还是支持、鼓励他们发掘自身的特点，找到喜欢的和擅长的？在我看来，如果你理解并认同孩子的全面发展不是门门功课都得A，不需五个领域面面俱到，不需拼了命补短板；你就能够理解和认同教师的专业发展可以有各自的路径。

我特别鼓励教师在专业发展过程中，找到自己适合的和擅长的，认同自己做的事情有价值，并不断调整改善，愿意把一件事做得好一点，再好一点。作为园长，我常跟教师说，你要找到你喜欢的或你擅长的：要么达到这个领域第一流水平；要么就做这个领域少有人做过的事。这两个方向都能够带给你极大的自我价值感和职业幸福感。或许因为你专注于某个方面，在评职称的时候并没有给你加分；但是，当你找到了这个职业中你最适合和喜欢的部分，你就能在工作中不断地去确定工作之于你是有价值的。你会因此走得更远、更好。

三、关于教师的自主权

关于教师的自主发展，很多时候会涉及教师的课程自主权的问题。而在这个问题上，教育管理者和教师之间往往会陷入一个恶性循环：管理者认为，不是所有教师都是有能力的和自觉的，所以事事都尽可能设计好既详细又好用的操作细则，让教师照着做。而教师也养成了习惯，领导让我做，肯定都想好了，我的想法一点儿都不重要。教师不愿思考，便越来越不具有思考的习惯和沟通协调能力，无法主动、独立地完成实践的更新和优化。

在我看来，教育管理者应该对此承担更大的责任。谁的权力越大，谁的责任越大。

全能型的教育管理者其实并不受教师喜欢，全能型的教育管理者意味着他心里有明确的答案：什么是对的，什么是好的，什么不可触犯。但作为教师，则希望管理者给予自己机会尝试，让自己来找一找什么是适合我的，什么适合我的孩子，什么适合我的班级。我会期待并接受你给我的反馈，让我知道我做的什么让你很担心；我的哪些观点和实践，让你觉得很认同、很赞赏。我不屏蔽这种反馈。我甚至很期望得到关注、提醒和赞赏，很希望除了反馈还带着解释；希望彼此持续保持开放和对话的状态。

自由和自主是这世上最昂贵的东西，你要自己去思考、判断和选择，并为之承担结果。这绝对不是想干什么就干什么，而是我要去不断解释我为什么要这么做，为什么是做这个而不是做那个，解释哪些地方做得好，哪些地方需要改善，怎么去改善。真正体验过极大的课程自主权的教师，就能明白什么叫作"肩负自由的疲惫"，虽然很累但获得的乐趣也要丰富、复杂得多。

儿童的世界像海洋一样深邃，像天空一样浩渺。如果说儿童的世界像一匹布，那我们探索儿童世界的方式就像是一个梭子。你探索了什么，布上就会显现什么。愿我们手中的梭子描绘出儿童美好世界的壮美图案！

朱小艳

2020年6月28日写于香洲教育幼儿园

儿童如锦 师如梭

目录

绪论

课程的

起航

何为课程？课程是指学校为实现培养目标而选择的教育内容及其进程的总和，它包括学校教师所教授的各门学科和有目的、有计划的教育活动。众所周知的是，国家有统一的中小学教材，教师也有参考，但幼儿园却与中小学有所不同。在幼教界有一句非常经典的话："一日活动皆课程。"听起来如此简单的一句话，但对于幼儿园教育者来说，它有着极其特殊且重要的意义。作为教育者的我们在一日生活或一日活动中如何认识和抓住教育契机，给幼儿以适合他们的教育，让课程真正能够帮助每一位幼儿更好且有质量地成长，也就成了当前幼儿园课程研究的主要任务，也是业内人士孜孜不倦的努力方向。完成这些任务的过程，实际上就是幼儿园的课程建设过程。

课程建设是一个从更新观念到观念如何转化行为的探索过程。其间，各种教育思想的学习、引入和教育过程的探究，给幼儿园教育带来了活力；但同时也显现了一些弊端，如盲目追崇新的课程模式，看似轰轰烈烈，实则千篇一律；进而教师养成了重视形式、忽视追求教育本身价值的思维习惯，出现了"只顾低头走路，不习惯抬头看路"的现象。其结果是教师的创造性得不到发展，理论上得不到提高，对新的改革思想感到茫然，渐渐减少了改革创新的热情，最终失去了自己的特色。

幼儿园是实施课程的主体，要将课程所希望反映的思想贯彻到日常工作中、落实到幼儿发展中，对课程实施的管理至关重要。它是幼儿园教育质量提升的关键。

因此，香洲教育幼儿园作为广东省《3-6岁儿童学习与发展指南》实验园一直潜心研究，如何了解和发现每一个孩子；如何立足于面向全体幼儿因材施教，发现幼儿成长发展的真实需要；更重要的是，在这样的过程当中如何一步一步地支持幼儿在思维、生活习惯等方面的逐步完善，探索适合孩子的教育。

作为实施课程的主体，我们始终将课程所希望、所反映的思想贯彻到实际工作中，落实到幼儿的发展中。与此同时，我们认为课程的建设不单纯是教师的事情，也不能简单地拿来理念就用。它既是思想的渗透，也是方法的体现。幼儿园课程的建设更加重要的是，充分调动全园职工的参与积极性，从制度管理、师资培养、科研开发、后勤保障等方面立体、丰富、全方位地推进。

在思索中前行

一、借课改破旧例——引入新模式、转变旧思想

2008年朱小艳园长担任了香洲教育幼儿园园长，当时大环境下的幼儿园普遍使用"五大领域"分科主题教学模式，教师一天的工作基本上就是按照组织幼儿进餐、备课、上课、下课、带幼儿玩玩具、整理衣服、组织放学等基本环节进行，既规律又稳定，"按部就班"似乎成为一种习惯。但从教育主管部门来到幼儿园的朱小艳园长深深地知道：教育的核心应该是因材施教，如果教师一直是这样的工作模式的话，我们组织的活动又如何能够适应不同幼儿的真实需要呢？因此"打破旧例、刷新思维"，帮助教师转变思想势在必行。

图1　2008年的香洲教育幼儿园中庭

朱小艳园长上任后一个月，香洲教育幼儿园出台了三年发展规划，提出"狠抓师资队伍建设，构建学习型幼儿园文化"。随即，幼儿园引进"思维游戏"活动，这对教师来说无疑是一个很大的挑战。教育专家定期来园指导、每月活动观摩、课前磨课、课后评课，这些活动以前一年才开展一次，现在却变成了教师的"家常便饭"。上课、磨课的不断磨砺，既提升了教师的教学水平，也帮助教师逐渐从固有的工作模式中跳脱出来，逐渐萌发了做研究的想法。通过学习每月专家磨课后甄选出的优秀课例及参加各种对外公开观摩活动，教师收获了自信和成就感，如图2、图3所示。

图2 教师在给幼儿上课　　图3 "思维游戏"活动中的幼儿

二、借五常促管理

理念决定方向，思想决定行动。经历了一年课程改革，教师的思维被刷新，对于新事物的接纳变得自然，管理层的思考也更加活跃。面临一批保育员即将退休、多年来仓库物品的采购积压等实际情况，我们引进了"香港五常法"，这是一套成熟的针对企业、后勤的管理模式。那段时间大家共同学习、共同实践，从物品的有序分类存放开始到形成一系列系统的后勤管理制度，后勤工作质量有了质的飞跃，得到了很好的提升。整洁有序的室内外环境，为后勤管理质量和班级管理质量提升打下了坚实基础，如图4至图6所示。

图4 整洁有序的室外环境　图5 整洁有序的室内环境（1）　图6 整洁有序的室内环境（2）

2009年本园申报了香洲区重点课题"五常法在幼儿园常规建设中的运用研究"，将这种优质管理方法融入幼儿园班级常规管理，幼儿园各班级物品逐渐从杂乱无章到井然有序，各项工作进展均更加高效，如图7所示。

图7 课题小组成员与开题专家合影留念

2011年香洲教育幼儿园自主申报了珠海市教育科研"十二五"规划课题"五常法在幼儿生活及学习用品自我管理中的运用研究"。

将"五常法"纳入班级一日活动的教育当中，通过教育让幼儿、教师均变得自主、自律且富有创意，如图8所示。

图8　晨间幼儿独立打卡入园

2015年底5S的三本书出版；香洲教育幼儿园的《"五常法"在幼儿园班级常规建设中的运用研究》获得香洲区优秀教育科研成果一等奖，如图9所示。

图9　2015年香洲教育幼儿园出版的三本书

三、借学习拓视野

改革除了要实现思想的改变之外，更重要的是拓展教师的思维。2009年初，幼儿园派遣教师到幼教前沿——江浙地区跟岗学习，踏着上海二期课程改革的步调和节奏，"个别化区域游戏"开始走进我们幼儿园，慢慢地，华德福教育理念、绘本阅读、主动学习等多种教育理念开始走进教师视野，在大家的心中生根发芽，教师的眼界被打开，对于幼儿及与之相关的活动的理解也越发深入，如图10所示。

图10　正在区域里专心致志玩开锁游戏的幼儿

四、借分享长知识

2011年幼儿园新的五年规划出台，提出"我的幼儿园我做主"，如何能让教师和幼儿真正地"做主"，成为当时大家新的思考。

那段时间，外出学习的教师回来必定要组织详细汇报。"走出去，带回来"，既让教师的价值得到升华，也为教师成长提供灌溉的养分。带回来的信息不仅为集体增值，实践的过程更是为幼儿成长增值。教师的主动思考力提升后，更关注幼儿教育，教育意识更强烈，对于学习、游戏和生活的结合有了更新的认识，如图11、图12所示。

图11 教师相互观摩学习　　　　图12 正在结伴玩新游戏的幼儿

五、借团队促绽放

经过连续几年的课程改革，教师的理念有了质的飞跃，研究能力也有了提升。为了满足教师日益增长的个人成长的需求，幼儿园为不同情况的教师搭建了多种平台。师徒带教、兴趣研究小组、副班主班工作室等研究团队让教师的自我价值感逐渐提升，如图13、图14所示。

图13 "吕喆工作室"青年教师学习团队　　图14 "成长之径"成熟型教师学习团队

各个兴趣团队的成员都在自己的研究领域潜心研究，同时逐渐形成了本园的六字文化——做最好的自己。快乐思维、自主管理的培养目标也越来越清晰，常思园本课程的雏形也开始呈现。

常思园本课程的建构是我们进行的比较成熟的"思维游戏"和"五常课程"的有机结合。

六、借多元促发展

常思园本课程虽已建构，但仅限于比较生硬的"结合"，其建构的过程中逐渐出现分离、无重心、不一致的瓶颈问题。这期间旁系课程的加入（如蒙氏教育、乐高教育、音乐戏剧、华德福教育等）让园本课程逐渐丰盈，但哪些才是我们真正需要的呢？全园自上而下引发的一场思考席卷而来，常思园本课程的重构顺应而生，如图15所示。

图15 朱小艳园长引领教师
一同梳理课程思路

"常"与"思"的意义是什么？它能给幼儿带来什么？教师收获了什么？幼儿园发展积淀了什么？这些问题的答案在多次世界咖啡、头脑风暴、录像教研等形式的讨论后逐渐明朗。

第二个五年规划中提到"让幼儿成为他自己"这一培养目标，幼儿最终成为的是一个独立的社会人，"支持幼儿走向独立""追随儿童个性发展"是我们强烈的声音。

2015年新的五年规划出台，提出了"幼儿第一"的优先价值观。观察和解读儿童成了我们工作的重中之重。

七、借学习故事促观察能力提升

作为香洲区《3-6岁儿童学习与发展指南》示范园，香洲教育幼儿园的常思园本课程建设在不断深入，如图16所示，教师在研讨活动中激烈讨论，对教师的专业水平提出了越来越高的要求，促使教师不断在发挥幼儿的主体性和自身的主导作用之间寻求平衡，促使我们开始进一步思考。

图16 教师在研讨活动中激烈辩论

面对老师们存在的问题和需要，我们应该从哪里着手？

抓什么问题能够更好地帮助教师提高专业能力，进而提升教育的有效性？教师专业能力上一项严重而又亟待弥补的缺失——观察能力急需提升。

朱小艳园长亲身教学，带回来新西兰学习故事体系，连续一周的头脑风暴学习研讨，大家对观察的真正内涵有了更加全面和深入地了解和认识。

2015年香洲教育幼儿园凭借申报下来省级课题"在自主游戏中提升教师观

图17　常思课程目标体系培养
下的幼儿发展方向（1）

察能力的行动研究"成为了广东省指南实验园。自此，教师开始关注幼儿学习与成长的过程，开始深入课程的内涵。教师在观察中更了解幼儿、更走近幼儿、更支持幼儿。

在能力飞速提升的同时，幼儿在自主游戏中自己选择活动内容、游戏伙伴，设定工作方案，变得更加自信、自主、自立，如图17至图19所示。

图18　常思课程目标体系培养
下的幼儿发展方向（2）

图19　常思课程目标体系培养
下的幼儿发展方向（3）

教师也逐渐掌握了一套发现、追随幼儿个性的课程模式，不仅教师的专业能力得到了提升，而且教育的有效性也得到了全面提升。从无意识到有意识，然后逐渐有了课程意识，面对幼儿的学习成长过程是从思考探索到解决问题，从再思考、再探索到再解决问题的螺旋式思维进程，这是对课程建构内涵的诠释，同时教师积累了大量的微课经验，建构了班本化课程。

2016年上半年，我们立足园本，以课题研究为核心，以级组教研活动为纵深推进，如图20所示，积极构建"园有大课题、组有小专题、人人有小问题"的网络，促进和提升研究型幼儿园创建的质量特色和发展高度。

图20　课题小组的教师在进行实践研究

八、借自主游戏促深度探究

有了"记录"的积累，对于课程的探索变得越发有趣。"海森高"的加入补充了课程"课"以外的内容——幼儿游戏。

我们开始思考幼儿成长中有哪些学习，是哪些过程促进了幼儿的习惯、质量、能力和内在的成长。

教师对游戏材料、区域划分、进行方式、如何介入以及观察分享进行探

图21 香洲教育幼儿园省级课题
在香洲区做经验推广

索，如图21所示，收获了游戏的学习方式给幼儿带来成长的惊喜，原来幼儿游戏可以有这么多的学习方式，而学习还有"深度"一说，教师对幼儿教育有了更进一步的认识。

2017年6月集结着全体课题研究人员心血结晶的课题系列成果册《环境创设——编织幼儿游戏新天地》《学习故事——学会正视和接纳幼儿》《录像教研——开辟教师观察新视角》《微型课程——构建教师指导新框架》汇编完成。此时，各教师研究小组也取得了阶段性成果，日趋发展成熟，如图22所示。

图22 教师头脑风暴时刻——
梳理课程框架

九、借教研促重构

进入21世纪，我们需要培养的是"独立的社会人"，"创新发展""独立""个性发展"也是对未来人才的需求。如何更加清晰地对常思课程的培养目标进行界定，如何让我们自己的园本课程更加具有系统性，等等，这些成了幼儿园发展中遇到的新问题。

而我们认为，建构园本课程绝不仅仅是教师或者是某些部门的事情，而是需要整个幼儿园各个部门的协作，故在2018年底香洲教育幼儿园申报了"常思

园本课程的立体化建构"课题，并被作为香洲区重点课题立项。我们期望通过研究，全方位、立体化地建构园本课程，最终呈现课程资源的系统、主体内容的多元化和实施途径的多样化。

2019年，我们把这一年定义为幼儿园的课程年，全园上下聚焦一件事——课程重构。"聚焦式发展"成了我们一致努力的目标，在思想上聚焦，从课程分支中形成全新的诠释——"常思园本课程的四大家"，如图23所示，这是提升理论水平的系统进程，让整体的课程架构呈现更清晰。

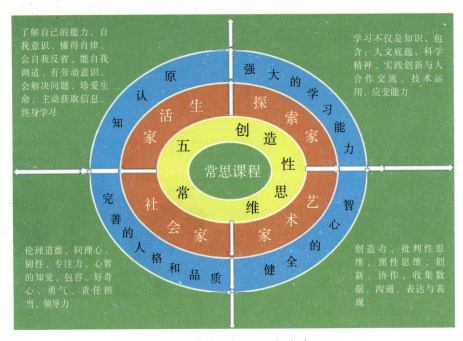

图23　常思园本课程目标体系

1. 常思课程理念与目标的诠释

"常"，即"五常"，注重德育培养。立足于健康生活，从生活教育出发，增强幼儿自我服务、自我管理的能力，使幼儿养成良好的习惯，成为自信、自爱、自尊的好儿童，并可持续发展，支持幼儿走向独立。

"思"，即"创造性思维"。立足从探究活动出发，提高幼儿思维水平和创造能力。鼓励幼儿乐于观察、乐于尝试、乐于体验、乐于合作，让幼儿学会思考、学会生活、学会探究、学会解决问题，促进幼儿个性的发展。

"常思"是两个不可分割的概念，通过"四大家"系列活动，追随幼儿兴趣，发展幼儿责任担当意识，在促进幼儿社会参与、个性发展的同时，也要从探索实践出发，培养幼儿的人文底蕴，培养幼儿的科学探究能力和实践创新精神，培养幼儿成为一个有社会责任担当的全人。

2.常思园本课程架构，如图24所示

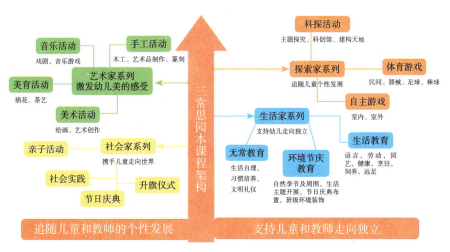

图24 课程架构示意图

以课程理念为基础，为实现最终的目标，我们的课程活动分为生活家、探索家、艺术家、社会家四大系列活动。每一个系列活动都侧重培养幼儿的不同能力。其中，生活家、社会家系列活动立足于"常"，着重进行德育培养，帮助幼儿从小形成良好的原认知并形成完善的人格；探索家、艺术家系列活动立足于"思"，注重创造性思维的培养，帮助幼儿形成强大的学习能力和健全的心智。

经过数十年的探索、试验、锤炼和提升，香洲教育幼儿园基本形成完整的课程体系，即以生活家系列活动为基础，以探索家、艺术家、社会家系列活动为主干，以区域活动为补充的常思园本课程模式；支持幼儿走向独立，促进幼儿个性发展，追随幼儿兴趣，发展幼儿责任担当意识。在促进幼儿社会参与性发展的同时，从探索实践出发，培养幼儿的人文底蕴，培养幼儿的科学探究能力和实践创新精神，培养幼儿成为一个有社会责任担当的全人。

多年来，香洲教育幼儿园培养了一批又一批拥有好习惯、好品格的幼儿。幼儿的生活自理能力、创造性思考能力和解决问题能力显著增强，为幼儿未来可持续发展奠定了坚实的基础。

上 篇

课程的

实施

以课程理念为基础，为实现最终的目标，我们的课程分为生活家、探索家、艺术家、社会家四大系列。每一个系列活动都侧重培养幼儿的不同能力。其中，生活家、社会家系列活动立足于"常"，着重进行德育培养，帮助幼儿从小形成良好的原认知并形成完善的人格；探索家、艺术家系列活动立足于"思"，注重创造性思维的培养，帮助幼儿形成强大的学习能力和健全的心智。

　　经过数十年的探索、试验、锤炼和提升，香洲教育幼儿园基本形成完整的课程体系，即以生活家系列活动为基础，以探索家、艺术家、社会家系列活动为主干、区域活动为补充的常思园本课程模式；支持孩子走向独立，促进幼儿个性发展。到追随幼儿兴趣，发展幼儿责任担当意识，在促进幼儿社会参与性发展的同时，从探索实践出发，培养幼儿的人文底蕴，培养幼儿的科学探究能力和实践创新精神，成为一个有社会责任担当的全人。

　　多年来，香洲教育幼儿园培养了一批又一批拥有好习惯、好品格的幼儿。幼儿的生活自理能力、创造性思考能力和解决问题能力明显增强，为幼儿未来可持续发展奠定了坚实的基础。

第一章 "四大家"系列活动

支持幼儿走向独立的生活家系列活动

"请帮助我独立完成！"是每个幼儿天性的内在要求。幼儿走向独立，既是生命发展的需要，也是大自然的定律。幼儿教育的首要任务就是不给幼儿的正常化成长设障，我园常思课程——"生活家课程"的开展，让幼儿在生活中学习，在学习中生活，培养幼儿学习自我管理，懂得珍爱生命，具有健全的人格，对幼儿个体走向独立起到了重要的支持作用。

一、生活家活动发展目标（表1）

表1 生活家活动发展目标表

名称	目标	内容	具体措施
五常教育	（1）具有基本的生活自理能力。 （2）鼓励幼儿做力所能及的事情，学习和掌握生活自理的基本方法。 （3）提供有利于幼儿生活自理的条件。	生活自理	（1）自己背书包打卡入园、整理书包。 （2）盥洗、洗手洗脸、擦鼻涕、擦屁股。 （3）穿脱衣服和鞋袜、叠衣服、叠被子的正确方法。 （4）洗水果碟、洗勺子、洗拖鞋的正确方法。
	（1）培养幼儿规律的作息，使幼儿养成良好的作息习惯。 （2）帮助幼儿养成良好的饮食习惯。 （3）鼓励幼儿养成良好的个人卫生习惯。	习惯培养	（1）入园五件事（打卡、晨检、问好、放书包、喝水）。 （2）离园五件事（换衣服、盥洗、喝水、整理班级物品、说"再见"）。 （3）早睡早起身体好、独立入睡。 （4）不挑食、主动饮水（白开水）、我会进餐、光盘行动；饭后漱口、早晚刷牙、我会洗澡。

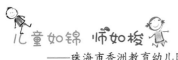
名称	目标	内容	具体措施
健康教育	（1）创设温馨的环境及游戏活动，帮助幼儿建立安全感、信赖感和归属感。 （2）鼓励幼儿大胆表达，引导幼儿学会控制和调整自己情绪的方法。 （3）学习解决问题；敢于与他人分享自己高兴或生气的事情及情绪。 （4）帮助幼儿形成正确的体态。 （5）帮助幼儿适应生活环境的变化。 （6）通过多种体育运动提高幼儿动作的协调性、灵敏性、平衡性，使幼儿具有一定的力量和耐力，手部动作灵活协调。 （7）鼓励幼儿坚持运动，不怕累。 （8）激发幼儿参与体育活动的兴趣，使幼儿养成锻炼的习惯。	身心健康	（1）绘本课堂《我变成一只喷火龙》《吃掉黑暗的怪兽》《我的情绪小怪兽》《请不要生气》等。 （2）室内外的自主游戏活动。
		适应性	班上来了新老师、绘本课堂《小红船》《我爱我的幼儿园》《我要上小学啦》。
		动作发展	（1）手部肌肉发展（扣纽扣、学习用筷子及握笔的正确姿势）。 （2）练习走、跑、跳、攀、钻、爬、投掷、拍球、走平衡木、民间游戏(跳房子、踢毽子、踩高跷、打沙包、跳绳等)。 （3）自主游戏、参加体育游戏、观看体育比赛、制作有趣的体育器械。
		安全与自我保护	（1）保护自己的隐私部位、保护身体（五官、关节等）。 （2）不碰危险的东西、不跟陌生人走。 （3）防溺水、火灾、地震、防恐防暴等安全教育；学习自救和求救的方法；乘车安全、认识安全标志。
生活教育	（1）支持幼儿通过五彩缤纷的活动了解生活的多样性。 （2）了解生活中有趣的事，激发幼儿热爱生活的情感。 （3）培养幼儿的生活能力，使幼儿懂得文明的生活方式。 （4）通过多种活动的体验，感受亲情和关爱，形成积极稳定的情绪及情感。 （5）增进幼儿环保意识，使幼儿珍爱生命。 （6）通过体验，学习主动获取身边的信息，为幼儿未来成长做好准备。	劳动	（1）值日生工作：擦桌子、擦椅子、拖地、擦窗台、给植物浇水、记录植物生长、洗水果、分餐。 （2）班级卫生大扫除；园艺（种植、照顾植物）。
		烹饪	美食小厨房，如制作酸萝卜、菜汤、包饺子、做面条、揪面片、鸡蛋饼、纸杯蛋糕、曲奇、月饼、牛轧糖、水果沙拉、奶昔、五彩蛋、粽子、寿司等。
		饲养	小乌龟、鱼、蚯蚓、兔子、荷兰鼠、鸟等。
		远足（参访）	幼儿园周边的社区、眼镜店、银行、邮局、医院、公交站、超市、华发健身广场、建筑工地等。

二、生活家活动开展

（一）五常教育

1. 生活自理

培养生活自理能力是让幼儿从依赖走向独立的过程。通过幼儿园的各个生活环节，教育幼儿从入园开始就在生活的点点滴滴中锻炼自己的生活自理能力，从而获得生活经验，培养专注力。

"我会照顾自己"，如图1至图4所示。

图1　自己背书包　　　　　图2　自己打卡入园

 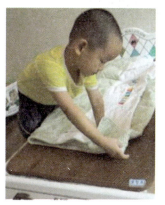

图3　自己整理书包　　　　　图4　自己叠被子

通过"自理能力大赛"检验一下我们的成果吧！如图5、图6所示。

图5 比赛剥橘子　　　　　　　　图6 穿衣服

在"自理能力大赛"中，入园才半年的小班幼儿各显神通，充分展示了自己的自理能力。

2. 习惯培养

幼儿园从身边点滴做起，帮助幼儿学会有礼貌、主动完成自己力所能及的事情，同伴间互相提醒督促，就连我们的家长义工也都做出表率，为幼儿养成好的习惯给予了大力的支持！要知道教育的极致是行为的影响。

"我会主动晨检"，如图7至图9所示。

图7 第一步伸出双手　　　图8 第二步张大嘴巴　　　图9 第三步拿健康牌

孩子早睡早起身体好，还能独立入睡，如图10、图11所示。

图10 独立入睡 　　　　　图11 按时起床

我会主动进餐和刷牙，如图12至图15所示。

图12 不挑食 　　　　　　图13 光盘行动

图14 饭后漱口 　　　　　图15 刷牙

同伴间互相帮助督促，如图16、图17所示。

图16　我帮你打伞　　　　　　图17　提醒同伴劳动开始了

（二）健康教育

1. 身心健康

儿童时期是培养幼儿身心健康的黄金时代，良好的体态、健全的人格和健康的心理以及各种习惯和行为模式，都在这个时期奠定基础，因此，我们通过多种方式鼓励幼儿认识自我，创设良好的情感环境，通过家庭和社会的关注、参与，共同努力，取得良好的教育效果。

绘本课堂教学的开展给幼儿的心灵点燃了一盏明灯，让幼儿学会做情绪的主人，学会管理自己的内心，如图18、图19所示。

图18　绘本课堂教学图（1）　　　图19　绘本课堂教学图（2）

室内外的自主游戏活动促进幼儿身心和谐发展，如图20至图23所示。

图20　室内外的自主游戏（1）　　　图21　室内外的自主游戏（2）

图22　室内外的自主游戏（3）　　图23　室内外的自主游戏（4）

在室内外自主游戏中，幼儿自主地探索、想象、创造、合作、解决问题，幼儿的需要得到了满足，情绪得到了宣泄，个性得到了发展，逐渐完善了人格的建构；同时幼儿在与同伴的互动中充分体验交往的积极情感，获得更广泛的交往经验和基本交往技能，提高了社会交往能力。

（1）丰富的活动让幼儿感受"爱"的温暖，如图24所示。

图24　"三八"国际妇女节插花

（2）科技·阅读节，如图25、图26所示。

图25　利用多种材料制作大鲸鱼　　图26　宇宙的秘密

21

（3）端午节，如图27至图30所示。

图27　魅力彩蛋

图28　亲子制作才有趣

图29　古诗词大会

图30　制作蛋兜

（4）六一儿童节，如图31、图32所示。

图31　五十六个民族是一家

图32　快乐六一

（5）棒棒球大赛，如图33所示。

（6）亲子运动会，如图34至图36所示。

图33　棒球比赛

图34　推小车

图35　爬爬乐

图36　毛毛虫

（7）小小兵运动会，如图37、图38所示。

图37　我是小小兵

图38　内务整理

（8）迎新年趁墟，如图39、图40所示。

图39　我和妈妈去趁墟　　　　　图40　美食已买

节庆活动让幼儿沐浴在老师与家长的共同关爱中渐渐长大。在活动过程中，幼儿收获了合作、友爱、支持、信任。这些活动的开展离不开家园以及社区合作。

2. 适应性

通过多种形式的活动，培养幼儿参与活动的主动性，使幼儿养成独立、认真、细致地完成学习任务的习惯，培养幼儿的任务意识及规则意识，培养幼儿独立的生活处理能力，培养幼儿入学的积极态度，如图41至图48所示。

（1）上幼儿园我不焦虑。

图41　第一次亲子活动　　　　　图42　熟悉幼儿园的各项活动

（2）我与小学零距离。

图43　参观香山小学　　　　　图44　小学不一样的生活

通过参观小学，幼儿亲眼观察、亲耳聆听、亲身体验，激发了入学愿望和对小学生活的美好向往；同时也为适应小学生活做好了充分的准备，更为未来的小学生活打下了良好的基础。

（3）今夜不回家。

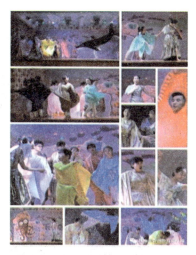

图45　视觉盛宴童话剧《彩虹鱼》

图46　我的晚餐我做主

图47　我们看得太入迷

图48　神秘宝贝等你来寻

7月毕业季，大班的幼儿即将毕业，结束幼儿园的生活。三年的时光如此短暂，为让幼儿的童年留下更多美好的回忆，幼儿园通过"顽皮一夏——今夜不回家"的欢乐之夜体验活动，检验了幼儿独立生活的能力。

3. 动作发展

在幼儿园阶段，幼儿动作的一般顺序规律是从整体动作到局部动作，从简

单动作到复杂动作，从上肢动作到下肢动作，从大肌肉动作到小肌肉动作。丰富的户外体育活动、有针对性的体育技能锻炼以及体能检测研究，能够有效促进幼儿体能的全面发展。

（1）孩子们的小手变得越来越灵活，如图49至图52所示。

图49　刺绣

图50　泡茶

图51　使用筷子

图52　握笔姿势

（2）丰富的户外体育活动促进幼儿动作发展。

幼儿园动态式体能监测（图文由体能监测小组提供）：

①体能监测的背景。我园在幼儿的户外体育活动与游戏中，通过动态的体能监测，及时了解幼儿身体要素和动作发展的状况，为后续课程设置提供科学依据。

②体能监测活动的实施与调整。首先，根据幼儿园课程的开展，体能监测小组确定监测的时间、周期、对象和监测项目。时间定在每月的上旬；周期为每月一次；对象为每个班级随机抽取10名幼儿或者随机抽取5个男孩和5个女孩；监测项目根据各个级组当月体能活动目标制定，确保监测项目与级组课程

活动紧密相关，能真实地反映各个年龄段幼儿在课程实施过程中身体素质和运动能力的发展情况。

其次，制定统一监测表格，内容包括体能目标、测查游戏、测查方法、测查工具、测查维度和游戏情况等。因监测的年龄段和体能项目不同，表格里涵盖的具体内容也不同（表2）。

表2 珠海市香洲教育幼儿园小、中、大班体能监测表

体能目标：与人合作进行游戏。

测查游戏：运西瓜。

玩法：幼儿10人一组，将篮球从一端运向另一端，每人只有一次运送机会，看哪一组运的最多，提供布、网等非单人能完成的游戏材料。

检测维度：在游戏时的合作程度（两人或两人以上共同运用游戏材料进行游戏）。

游戏情况：

A：游戏时，主动邀请别人帮忙，借助辅助材料完成游戏。

B：游戏时，愿意接受别人的邀请，并能提出自己的建议来完成游戏。

C：游戏时，不愿意跟别人一起游戏，喜欢独立完成游戏。

幼儿班级	幼儿学号	幼儿游戏情况	备注	幼儿学号	幼儿游戏情况	备注
大一班						
大二班						
大三班						

续 表

幼儿班级	幼儿学号	幼儿游戏情况	备注	幼儿学号	幼儿游戏情况	备注
大四班						
大五班						

监测准备：序号牌（便于记录）、记录表。

监测方法：监测人员5名，每人指定学号进行监测，每个幼儿有两次机会，取最高值。

监测员：

监测日期：

现场监测，如图53至图56所示。

图53 现场监测讨论

图54 监测过程（1）

图55 监测过程（2）

图56 监测过程（3）

最后，通过动态的体能监测，及时了解幼儿身体要素和动作发展的状况，为后续课程设置提供科学依据。

③体能监测对幼儿园课程发展的意义。通过体能监测获得幼儿体能发展的基本数据资料，便于教师掌握级组、班级幼儿身体素质和动作发展的情况，为常思课程生活家范畴的活动设置提供科学依据，为幼儿身体素质和动作发展起积极的指导作用。

4. 安全与自我保护

最新的《幼儿园教育指导纲要》中明确指出："幼儿园必须把保护幼儿的生命和促进幼儿的健康放在工作的首位。"幼儿园从交通安全、饮食安全、用药安全等方面入手，把简单、易懂的安全防护知识教给幼儿，增强幼儿的安全防护意识，训练幼儿学习保护自己的技能和方法，以便处理生活中可能出现的一些紧急情况。

图57　幼儿遇到危险善于求助

幼儿年龄小，求助是自我保护的方法之一。通过训练幼儿讲清楚一件事的内容、地点、时间，讲清请别人帮什么等，会拨打父母的电话和"110""120"等常用的报警电话，提高幼儿摆脱困境的能力，如图57所示。

通过防火、防震、防暴、防拐等各种安全演练，如图58至图61所示，促使幼儿懂得了遇到危险时的自救办法，树立了安全意识，进一步明确了"珍爱生命，关爱他人"的教育理念。

图58　防火

图59　防震

图60　防暴

图61　防拐

（三）生活教育

1. 劳动

幼儿劳动教育是幼儿德育内容之一。通过参加值日生自我服务、为班级服务、为集体服务等简单劳动，培养幼儿热爱劳动、尊重劳动人民的思想感情，使幼儿掌握初步的劳动技能，懂得珍惜劳动成果，提高劳动兴趣，养成劳动习惯，如图62、图63所示。

图62　我们会分工合作

图63　我会擦玻璃

2. 烹饪

烹饪活动是指通过为幼儿准备各种食材、工具，让幼儿自己动手操作而进行制作的活动。幼儿通过亲历准备食材、制作食物、分享美食的烹饪活动全过程，了解食物对健康的重要性，如图64、图65所示。

图64 秋天的味道我知道　　　图65 红薯、板栗……很美味

为了充分发挥保育教师的特长，我们在班级每周五的自主游戏时间特别增设了"生活区保育教师轮岗代教"活动，调动保育教师的积极能动性。

案例：换一换活动更精彩——烹饪轮岗带教活动（图文由中班组保育教师提供）

（1）开展之初的设想。

烹饪活动对幼儿来说是一种难度较高的综合性实践活动，为了能让幼儿学习到更多的烹饪方法，年级组长与保育教师一起开展了烹饪活动的讨论，在生活家的指引下，充分发挥保育教师的特长，制定了烹饪轮岗带教活动。

（2）活动过程的准备与其他部门的配合。

为了使每个班的烹饪特色不一样，我们预设了不一样的食谱和食材。每周五下班前保育员将所需食材的种类和数量由冯丽霞老师负责汇总，并且为了保证食材的安全卫生和新鲜，提前报备厨房采购人员统一采购，并备注好是哪一天使用，在轮岗带教活动当天早上领取。在后厨工作人员的积极配合下，烹饪轮岗带教活动顺利开展。烹饪内容有面疙瘩汤、鸡蛋饼、水果奶昔、沙拉、煎鸡蛋和制作面条等。

（3）活动实例。

活动名称：煎鸡蛋（中三班刘珍姝老师到中四班授课）

材料准备，如图66、图67所示：

①工具：煎蛋器、铲子、碟子和叉子多个。

② 食材：鸡蛋和番茄酱。

图66　工具　　　　　　　　　　　　　图67　食材

班级配合：组织幼儿参加（自愿报名）。

活动过程，如图68至图71所示：

① 介绍老师。

② 介绍烹饪工作。

a. 今天我们一起来完成煎鸡蛋的烹饪工作。教师先煎第一个鸡蛋做示范。

b. 把煎蛋锅插上电，等锅热之后加入适量的油，打一个鸡蛋进去，这时候让幼儿观察锅中鸡蛋的变化。

c. 教师用铲子把鸡蛋翻过来煎另一面，等鸡蛋两面都煎成金黄色的时候，鸡蛋就煎好了。教师把蛋分成三份加入番茄酱请幼儿品尝。

d. 接下来让幼儿轮流操作煎鸡蛋，教师在旁边指导。在旁边自主活动的幼儿闻到香味纷纷围过来报名要吃煎鸡蛋。

图68　教师演示打鸡蛋过程　　　　　图69　幼儿实践打鸡蛋过程

③ 刚开始幼儿都有点手忙脚乱的，有的直接把蛋打到桌子上了，有的在翻蛋的时候需要帮忙。

请烹饪的幼儿邀请班级的小伙伴们一起品尝，以获得成就感。

图70 烹饪鸡蛋   图71 品尝煎鸡蛋

④ 教师和幼儿各自不同的收获。

幼儿的收获：烹饪活动给幼儿带来了直接经验。通过亲自烹饪，幼儿在动手能力得到提高的同时，认识了不同的烹饪工具和使用方法；在亲身操作和实践中，幼儿变得更加自信，真正成为会生活、懂生活的宝贝。

教师的收获：创新的烹饪课程增强了保育教师对幼儿的了解，提高了教师快速观察、顺畅交流的能力，增强了保育教师参教的意识，保育教师也成为懂教育、懂孩子的教师，同时，为生活家领域活动开展打下了良好的根基。

3. 饲养

亲近大自然是幼儿的天性。在饲养和种植活动中，幼儿与动植物共成长。幼儿会和动植物建立起朋友般的情感，不仅从中得到很多有关动植物生长的知识经验，而且满足了动手操作的需要。

（1）自然观察角饲养小动物，如图72所示。

通过饲养蚕宝宝、帮蚕宝宝把桑叶擦干净、清理蚕宝宝的家，孩子们看到了蚕宝宝"褪黑—长大—蜕皮—再长大—吐丝结茧—成蛾—产卵"的成长全过程。

（2）植物生长的秘密。

引导幼儿观察探究了解一些动植物的生长、种类，如图73、图74所示，体验不同的

图72 蚕宝宝快长大

生长环境和条件对植物的影响，促进幼儿有意识地关注细节，提高对动植物的关爱之情，懂得生命的意义，热爱生活，珍爱生命。

图73 红薯发芽了

图74 洋葱发芽了

（3）研究看不见的微生物，如图75至图77所示。

图75 微生物的样子

图76 自制过滤水

图77 绘本《微生物》

细菌、病毒到底长什么样？它们威胁着无数人的生命安全，幼儿心中有太多未知，并因此产生了恐惧。教师带着幼儿一起了解细菌的秘密，帮助幼儿消除恐慌，认识了解科学知识。

4. 远足（参访）

陈鹤琴曾说过："大自然是活教材。"在远足活动的开展中，幼儿和教师不仅增强了体质、磨炼了意志，还培养了热爱大自然、保护环境、合作谦让的社会性情感，丰富了感性知识，提高了语言表达能力。

（1）幼儿进行实地观察和参访，如图78至图86所示。

图78 我爱大自然

图79 学过斑马线

图80 制订远足计划

图81 学习做记录

图82 尊敬老人

图83 亲自体验

图84 学习搭帐篷

图85 寻宝

图86 参观社区

（2）参访消防局，如图87至图90所示。

图87　学习消防知识

图88　消防员叔叔很威风

图89　消防安全要牢记

图90　观看消防车喷水

组织幼儿徒步去海滨公园、大镜山体育公园、香山驿站、华发健身广场，在消防局、菜市场、超市、眼镜店等地方野餐、参访，在生活中、自然中学习，主动获取身边的信息，为未来的生活学习做好准备。

生活家系列活动保护了孩子的天性。它源于生活，润心无声。在一日生活中，我们致力于支持幼儿学会独立，拥有终身学习的优秀品质。

追随儿童个性发展的探索家系列活动

儿童天生就是探索家。他们对生活中的事物和现象有着与生俱来的好奇心和探索欲；冲动、好问、爱探究是他们的本能。他们善于用自己独特的方式与周围世界相互作用。香洲教育幼儿园"探索家"课程不仅旨在让幼儿知道某个知识或事件，更重要的是鼓励幼儿通过自主探究知道"为什么""怎么做"，学会提问、创造和解决问题，在真实的生活体验中乐于探究、勇于质疑、大胆创造。它追随儿童个性发展，培养其强大的学习能力。

一、探索家系列活动架构（表1）

表1　探索家系列活动

名称	目标	内容	措施
探索活动	（1）在探究活动和解决实际问题中感知常见的科学现象。 （2）具有初步的探究能力，发现事物间的异同及联系。	主题科学探索	"生命科学""物质科学""地球生命史""自然季节的探索"。
		科创探究活动	常规性科创活动、轮岗带教科学活动、个性化科创小组学习、区域中自然探索。
	（1）了解生活中数学的运用。 （2）感知和理解数、量及数量关系、形状与空间关系。 （3）尝试用归类、排序、判断、推理等方法，逐步发展逻辑思维能力。	数学认知	一日生活中的数学运用：点名、统计小组人数、分餐、自取食物、玩具归类、排队排序、播报天气。 社区探索活动：社区中的统计活动，认识门牌、车牌，记录公交站牌。 课程中的数学活动：排序游戏、认识时钟、认识日历、记录时间。 区域数学游戏：翻拍游戏、棋类游戏、数学益智类操作游戏。
		建构天地	主题性建构活动、探索性建构活动；建构技巧的练习：规律、对称等。
	（1）探索身边的科学。 （2）为亲子关注幼儿园科创课程提供良好平台。	科创阅读节	科创摊位游戏、科创作品展、科技电影、最美朗读者、爸爸妈妈故事团。
	积极参与自主游戏，通过观察、比较、操作等方法，学习在游戏中发现问题、思考问题和解决问题。	室内自主	角色游戏、表演游戏、艺术创作、建构游戏、烹饪活动、绘本阅读、个别化学习。
自主游戏	（1）促进身心全面协调发展。 （2）亲近自然、探究自然，激发好奇心和探究欲望。	户外自主	按年龄段划分：班级户外自主游戏、级组综合户外自主活动、混龄户外自主游戏。 按游戏材料（器械）划分：体能运动类、沙水类游戏、车类游戏、户外建构、安吉游戏。

二、探索家系列活动介绍

（一）主题探究

通过主题式深入、广泛探究，支持幼儿积极、主动地进行实际操作研究，形成有效的自主学习方法与能力，获得某个主题或领域的丰富经验和认知。

认识地球，如图1至图3所示。

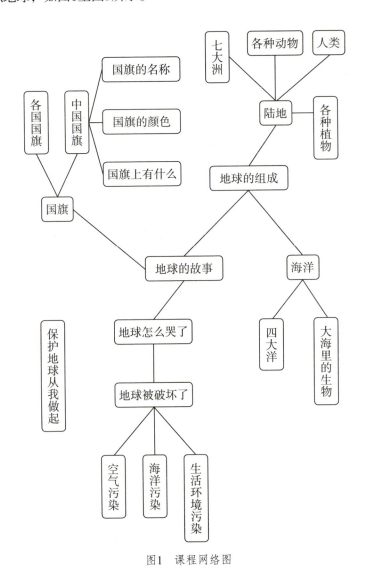

图1　课程网络图

图2 探究地球的秘密　　　　图3 地球气温的探索

（二）科创探究

针对单个具体事物或科学现象展开探索、创造的体验式学习活动，激发幼儿的探究兴趣，使幼儿学会发现、分析和解决问题，为其他领域的深入学习奠定基础。

1. 大班日常科创课程

幼儿在活动中感知各种科学现象，思考并发现事物间的异同与联系，合作解决生活中的问题，如图4至图6所示。他们从一开始在活动中表现的新奇、懵懂到逐渐地主动学习、积极探索，并在不断操作与反复实验中感受科学探究的乐趣，逐渐形成探索世界的好奇心和敏捷思维。

图4 分析马达的组装　　　图5 了解指南针的来源　　　图6 发现蜡烛熄灭了

2. 教师轮岗带教中的科创活动

为了将课程辐射到更多孩子的身上，教师在轮岗带教中开展丰富、有趣的科创活动，帮助幼儿从小就爱上科学，爱上探索世界的奥妙，如图7所示。

图7 你知道龙卷风是什么样子的吗？

3. 幼儿在科创馆中畅游科技世界

因幼儿的探索需求日益高涨，幼儿园专门打造了全新的功能室——科创馆，如图8、图9所示，并成立了科创课程研究小组，开展的活动一度获得幼儿、家长、同人及专家的喜爱。

图8　鲨鱼造型入口

图9　科创馆室内全景图

4. 个性化科创小组学习

相关个性化科创小组学习，如图10至图15所示。

图10　带着小班幼儿进行科创制作　　图11　触摸到有趣的干冰

图12　交流滚轴在生活中的运用

图13　利用滚轴制作秋千

图14　感受气流的力量

图15　测试风向

5. 大自然中的探索

（1）用挖到的红薯制作美味糖水，如图16至图18所示。

图16　清洗红薯

图17　品尝红薯糖水

图18 挖一挖泥土里有什么

（2）发现蘑菇，如图19所示。

（3）捞蝌蚪，如图20所示。

图19 用放大镜探究泥土的秘密

图20 一起捞蝌蚪

6. 区域活动中的探索

（1）种子催芽的工作，如图21至图24所示。

图21 准备好工具

图22 小种子泡一泡，把水沥干

图23　折叠纸巾平铺在小碗里，把泡好的　　图24　给小种子浇水，观察种子如何长大
　　　小种子放在上面

（2）神奇过滤素，如图25至图27所示。

图25　操作—观察　　　图26　再操作—再观察　　　图27　理解过滤现象

（三）数学认知

源自幼儿的生活与经验挖掘数学资源，使幼儿在亲身经历、自主感受与体验学习中建构初步的数学概念，发展数学兴趣，建立积极情感、思维及主动探索的学习态度。

1. 生活中数学的运用

（1）草地上的测量活动，如图28至图30所示。

图28　我用尺子量一量大树　　图29　我用尺子量一量小草　　图30　我用尺子量一量树叶

（2）大班哥哥姐姐的自主点名时间，如图31、图32所示。

图31　我能给小朋友点名

图32　自己在点名册上画钩

2.区域活动中的数学游戏

（1）小树叶找妈妈的配对游戏，如图33所示。

（2）记录温度，如图34所示。

图33　我来帮小树叶找妈妈

图34　学习看温度计进行记录

（四）建构天地

通过对各种材料的搭建，实现幼儿搭建的需求及愿望，使幼儿体验与同伴共同搭建的快乐和成就感，学习分享与合作。搭建材料有完整的成品材料，有环保、操作性强的半成品，同时幼儿也会参与材料收集，有效利用安全的废旧材料，激发想象力和创造力，如图35、图36所示。

1. 低结构材料建构——恐龙王国

图35　废旧纸箱、纸巾筒、PVC管等搭建材料　图36　我们合作搭建的恐龙王国马上就要完工

2. 综合建构——搭高楼

"我们想搭高楼，但很快就发现问题，盒子垒高了够不着怎么办？我们想到好办法，拿来小椅子，层层垒高，小伙伴一起合作，有人扶桌椅，有人负责搭建！""为了防止高楼倒下，我们决定用椅子顶住建好的高楼！"如图37至图40所示。

图37　合作分工　　　图38　帮忙递材料

图39　尝试垒高　　　图40　高楼建好

3. 主题建构——我们心目中的幼儿园，如图41、图42所示

图41 我喜欢的幼儿园要有大大的　　　图42 我的幼儿园有彩色玻璃窗、
　　　　泳池　　　　　　　　　　　　　　　　　滑道

4. 室内的自主建构游戏，如图43、图44所示

图43 我在墙上安装螺丝　　　　图44 我们在建海底隧道

（五）科创节活动

为了更好地深化幼儿园科创课程，让幼儿亲近科学、探索科技世界，幼儿园还开展了科技阅读节系列体验活动，使幼儿与家长共同亲身体验科技的无限精彩和魅力，在幼儿心中种下一颗睿智、创新的种子，为他们的成长插上好奇的翅膀。

1. "小创客"亲子科技作品展——为亲子进行科学探究和创作提供了良好的互动平台，如图45至图47所示

图45 亲子科技作品展（1）　　图46 亲子科技作品展（2）　　图47 亲子科技作品展（3）

2. 科技节开幕式——精彩的科技展示与表演让孩子们大开眼界，如图48至图53所示

图48 近距离体验机器人的无限奇妙

图49 机器人与小朋友的现场互动

图50 罗博士的现场实验

图51 在表演中了解科技的发展

图52 实验展示"火山喷发"

图53 自动吹泡泡机为表演现场制造了奇妙氛围

3. 科技摊位游戏——丰富有趣的游戏项目是最受幼儿、家长欢迎的活动，如图54至图60所示

图54 摊位游戏1：泡沫发射器

图55 摊位游戏2：水光杯

图56 摊位游戏3：自动泡泡机

图57 摊位游戏4：蜡烛抽水机

图58 摊位游戏5：起重机

图59 摊位游戏6：纸杯叠叠乐

图60 摊位游戏7：水火箭

三、自主游戏

幼儿在自主游戏时会遇到蕴含在生活中的许多科学内容，他们会对这些常见现象或事物感兴趣，愿意主动去探究。教师能将各领域的内容渗透于自主游戏的环境创设和材料准备上，并有效借助自主游戏的开展去鼓励幼儿根据所遇到的问题大胆寻找解决方法，从而培养幼儿的主动学习能力和综合能力。

（一）室内自主游戏

教师根据幼儿的游戏兴趣，邀请他们参与班级自主游戏区域的规划与创设，并投放满足不同层次幼儿需求的丰富材料，幼儿在室内自主游戏中会变着花样摆弄材料，自己设计游戏内容、玩法，自发交流和分享。

1. 探索披风的固定方式，如图61、图62所示

图61　尝试用夹子固定披风　　　　　　　图62　尝试用橡皮筋固定披风

遇到问题：公主披风怎么固定？

探究问题：小伙伴建议依次尝试，分别试一试夹子、皮筋、绳子，看哪个最牢固。

解决问题（获得经验）：实践后发现用皮筋固定最牢固。

迁移和提升经验：用绑住皮筋的方法，进行雪糕棒捆绑造型的游戏。

通过共同合作思考并实践，最终找到解决问题的方法。

2. 从户外自发捡落叶到树叶的创作活动，如图63至图69所示

图63　捡到的落叶　　　　图64　制作叶子皇冠　　　　图65　一起创作

图66　戴上制作好的叶子皇冠

图67　收集各式各样的树叶

图68　与小伙伴分享
自己的设计

图69　向大家介绍和展示自己设计的作品

发现问题：捡到的落叶可以用来做什么呢？

探究问题：小伙伴提出各自的想法，可以把叶子当成过家家的饭菜、小扇子、小鸟……

想象与创作：小雅（图中的女孩）想用落叶做成树叶皇冠，她的想法与创作吸引了小伙伴们的尝试与加入。

获得经验：用树叶进行装饰是很不错的创意！

迁移经验：基于树叶皇冠的制作经验，小雅回家后邀请妈妈和她一起收集各种树叶，设计和制作了一套很特别、漂亮的公主树叶长裙，使她在班级分享中成为能干的"小小设计师"。

一个小小问题，可以引发幼儿无限大的思考与创作。

3. 在成功制作第一对耳环后，她深深爱上了设计，如图70、图71所示

图70　作品展示

图71　在尝试自己设计耳环中获得成功体验

发现问题：教师投放在手工区制作耳环的新材料很快就被小泽发现了，但她不知道应该怎么操作。

探究问题：于是她询问老师工具的主要操作方法，并在自主游戏中反复练习和尝试（获得经验），她成功制作了第一对耳环，成为第一个独立完成设计的小朋友。

提升经验：小泽利用更多丰富的材料进行创作和挑战，包括铜丝与各式珠子等，设计和制作了很多漂亮的耳环。

经验分享：她不仅自己深深爱上了设计，还吸引很多小伙伴共同参与。

从一个人发现和利用了新材料，到自主、专注、深入地创作，最后辐射到全班女生的共同参与和创作！

（二）户外自主游戏

利用户外自主游戏得天独厚的环境优势，幼儿亲近自然、探索自然，他们可以在更广阔的游戏空间、更充分的游戏时间和更多样化的游戏形式中，与同伴、环境和材料尽情地互动，在开放、挑战和趣味的游戏中让自己成为户外自主游戏的主人。

1. 自主搭建游戏——港珠澳大桥，如图72、图73所示

图72　梯子、轮胎、平衡木，
都是我们的游戏材料

图73　用它们合作搭建港珠澳大桥

2. 泥沙水游戏——我们的水渠，如图74至图77所示

图74　由竹子水管联想到建水渠

图75　先挖个大水坑

图76　一起舀水

图77　将水引进水渠

3. 器械组合游戏——滑滑梯与跷跷板，如图78、图79所示

图78 用运动器械尝试组合滑滑梯

图79 还可以组合成跷跷板

激发幼儿感受美的艺术家系列活动

艺术跟人的感知息息相关，艺术和艺术化的教育不仅直接丰富孩子的精神生活，培养健康的心灵和生活理念，而且能让孩子亲身体验把理想变成现实的喜悦。培养孩子感受美、表现美的情趣和能力是幼儿艺术教育的宗旨，艺术性活动在课程结构中占有很重要的地位。幼儿园开展艺术性活动的目的不是训练孩子成为艺术家，而是要培养孩子成为创造力丰富、意志力坚强的人。在此过程中，幼儿的感知、情感、智力、想象、创造发展之间相互补充、相互促进。因为所有的艺术活动都需要身心投入，并不断练习，这是一种对意志力的训练。儿童在经历困难并加以克服后获得的喜悦与满足，对心灵的成长有非常积极的影响。

一、艺术家系列活动架构（表1）

表1 艺术家系列活动

名称	目标	内容	具体措施
感受与欣赏	（1）能通过观察周围的自然环境、人文环境、生活环境、艺术环境发现美的事物并学会欣赏。 （2）乐于参加各种外出活动，喜欢自然界与生活中美好的事物。	外出活动	常规活动：提供自然界的室内自主活动材料，如木块、松果、树枝、石块、贝壳等。 特别活动：每周远足活动、春游活动、秋游活动。 亲子活动：家庭的旅行活动。
	（1）能够在成人的引导下，学会欣赏不同形式的艺术作品。 （2）喜欢欣赏多种多样的艺术形式和作品。	艺术欣赏	常规活动：音乐欣赏活动、美术欣赏活动、日常幼儿园早晚背景音乐。 特别活动：参观美术馆、参观科学馆。 亲子活动：长隆游乐场游玩以及其他外出旅行。
		节日庆典	常规活动：节庆活动的环境创设（端午节、冬至、读书科创节、六一童心童画童梦活动、毕业典礼）。 特别活动：欣赏观看表演（节庆活动中教师和家长表演的戏剧、木偶戏、舞蹈等）、迎新年趁墟活动（民间艺人的表演、教师和家长的时装表演）。 亲子活动：节日期间家庭外出旅行。
表现与创造	喜欢参加艺术活动，并能大胆地学习用语言、动作、表情等表达自己对作品的理解、情感与体验。	美工活动	常规活动：美术教学活动、建构活动。班级活动区提供丰富的美工活动材料，和幼儿一起布置班级环境。 特别活动：刺绣、编织、制作小娃娃、缝制毕业袋、木工、磨制毕业剑、插花、茶艺。 亲子活动：家长参与配合完成与开展课程相关的美工作品（戏剧节的演出服装，或者是孩子参与活动的小道具等）。
		音乐活动	班级活动区提供丰富的音乐活动材料。
		戏剧活动	戏剧课程（人人参与的戏剧表演）、戏剧节。

名称	目标	内容	具体措施
表现与创造	（1）能用自己喜欢的方式进行艺术表现活动，体验创造的快乐。 （2）积极投入艺术活动并学习自由表达自己的感受，发展审美情感的体验和表达能力，促进人格的完善。	节日的仪式感	常规活动：六一大型艺术活动（大合唱表演）、毕业典礼、万圣节活动等。 特别活动：设计毕业证书、设计毕业照。 亲子活动：六一Cosplay活动。

二、艺术家系列活动介绍

（一）感受与欣赏

外出活动：通过多样不同形式的外出、旅行活动，和孩子一起感受和观察生活中的万事万物。家长和孩子一起发现美、感受美、欣赏美。

1. 亲子活动——手工制作

外出活动时，幼儿和教师一起，将大自然中的各种物品带回课室，如木块、松果、树枝、石块、贝壳等，幼儿用这些带有生命的、温暖的材料自由地玩耍，这些来自大自然的材料在幼儿手中，能变化成各式各样的玩具和事物，他们和大自然也自然产生了链接，更加关注自然界及自然界中的一草一木，从而能够在这些平凡的事物中发现美，如图1至图3所示。

图1　大自然中的木桩，各种造型在幼儿的手中变身

图2　简单的木块、木板给幼儿很多艺术灵感

图3 从户外带回来的松果、石子等材料都是幼儿艺术创作的素材

2. 亲子活动——回归自然

在远足活动、秋游、春游活动中，教师更注重于带领幼儿去走近大自然；幼儿在这些远足活动中可以感受自然界四季变化带来的不一样的美，如图4所示。

图4 来到大自然，我们共同感受四季变化带来的不一样的美

3. 亲子活动——旅游

寒暑假是家长们带领孩子出游的好时节。他们走遍祖国的大江南北，踏上世界的不同区域，领略不同地域的文化和美景，共享亲子的好时光，如图5所示。

（二）艺术欣赏

创造多种环境与机会，带领幼儿通过欣赏不同形式的艺术作品，训练幼儿学会发现在特定形式下和生活中不一样的美好事物。

教师、家长和幼儿一起去博物馆、美术馆，去不同的人文景观区参观游玩，用眼睛看世界、用心体会世界，感受和自然风光不一样

图5 和家长一起在远方，领略异域风情

的美好，进一步提升幼儿对于美的多方位感受。

（三）节日庆典

和幼儿一起，营造与节日呼应的环境，感受节日的特别氛围，了解不同环境的美带给人的愉悦感。

节日庆典是我们课程中的重要部分，幼儿和教师一起，进行各种节庆的准备、开展和艺术展示，在不同的节日氛围中充分发挥自己的想象力和创造力，如图6至图9所示。

图6　传统节日——冬至，在一年最长夜的烛光中看到不一样的美

图7　温馨的毕业典礼环境布置

图8　老师、家长参与毕业典礼

图9　幼儿的毕业制作：刺绣毕业袋

每一个节庆，教师都会认真进行环境创设，努力发挥创造力，将不同节庆的不同习俗、寓意等融入环境。幼儿在这种环境氛围的感染下，能够更自信地

展示与表现。

在各种节庆活动中，教师、家长会排练多种形式的节目，如合唱、舞蹈、时装秀、木偶戏等，这些活动受到幼儿的欢迎和喜爱。在这些活动中，幼儿近距离地欣赏了多种表演形式，从而加深了对家长和教师的感情。

三、表现与创造

（一）美工活动

欣赏感兴趣的绘画、工艺、雕塑、建筑等美术作品，并积极主动地参与美术欣赏活动，具有初步发现周围环境和美术作品中的美的能力。

香洲教育幼儿园提供多品种的材料和可以使幼儿自由创作的空间与平台，让幼儿发挥自己的想象力与创造力，在绘画、手工以及多种美术形式下表达自己、展示自己，如图10、图11所示。

图10　不同形式的艺术创作，体验不同　　图11　幼儿艺术作品的呈现

（二）音乐活动

班级活动区提供丰富的音乐活动材料，如图12所示。

图12　班级活动区的各种乐器

在升旗仪式、节庆活动中提供平台，大胆鼓励幼儿展示自我，如图13所示。

图13 升旗仪式也是幼儿展示自我的平台

（三）戏剧活动

戏剧课程不仅是音乐课，而且关注幼儿的幻想成分，关注幼儿模仿生活以及幼儿情感思想的表达方法，在音乐戏剧游戏活动中，幼儿不仅感受音乐的节奏和韵律，更得到各种能力的发展和锻炼。

幼儿在毕业演出中的精彩表现，如图14至图17所示。

图14 戏剧——猴子学样

图15 戏剧——琳德薇的歌

图16 三只小猪

图17 白雪公主与七个小矮人

携手儿童走向世界的社会家系列活动

每一个人在社会生存，不仅要会学习，更应会做人、会生活！因此，我们在发展幼儿身体、培养幼儿智力的同时，更注重对幼儿进行社会性的培养。社会家系列活动有效增强幼儿社会交往、伦理道德、规则意识、自信自尊、责任感、自控力、合作意识和领导力等方面的社会能力及培养幼儿完善的人格品质，使幼儿能够适应当今社会的飞速发展，成为适应新环境、新社会的全人。

一、社会家系列活动发展目标（表1）

表1　社会家系列活动发展目标表

名称	目标	内容	措施
人格品质	（1）主动参与各项活动，有自信心。 （2）能够自主决定、独立做事，具有自尊、自信和自主的表现。	自信心培养	香洲教育幼儿园特色大型活动，如科创阅读节、艺术节、今夜不回家、幼儿自理能力大赛等。
	（1）愿意与他人共同游戏、活动，体会交往的乐趣。 （2）能与同伴友好相处，学会交往的基本规则和技能，尝试分工合作。	人际交往	（1）室内外自主游戏。 （2）图书、玩具等分享活动。 （3）大带小活动。 （4）春游、秋游、儿童节、运动会等亲子活动。
社会适应	（1）喜欢并适应群体生活，体会群体生活的乐趣。 （2）了解基本行为规则，体会规则的重要性，学会自觉遵守规则。	行为规则	（1）一日生活各流程中的规则意识培养。 （2）礼仪小天使、环保小卫士等良好行为仪式活动的开展。 （3）区域游戏、规则游戏的开展。

续 表

名称	目标	内容	措施
社会适应	（1）具有初步的归属感，激发幼儿爱父母长辈、爱家乡、爱祖国的情感。 （2）了解周围不同职业人们的劳动及与自己生活的关系。 （3）关心尊重他人，学习用平等、接纳和尊重的态度对待差异。	民俗文化	（1）升旗仪式。 （2）远足及外出参观实践（如小学、超市、消防局、气象局、图书馆、飞机场、敬老院、福利院等）。 （3）生日及节日庆典（春节、元宵节、端午节、中秋节、冬至节等）。

二、社会家系列活动开展

（一）人格质量

1. 自信心培养

自信心是一种重要的社会性心理质量，是幼儿良好的心理素质和健康个性的重要组成部分。香洲教育幼儿园通过各种社会家实践活动的开展，为每一位幼儿提供表现自己长处和获得成功的机会，增强其自尊心和自信心。

科技节：幼儿通过亲身尝试，在体验游戏乐趣的同时，发现"我可以"，如图1、图2所示。

图1 哇，我可以把水火箭发射到天上   图2 瞧，我帮乒乓球飞起来啦！

读书节：幼儿通过参加"21天阅读打卡"和"寻找最美朗读者"活动，体验"我能行"，如图3、图4所示。

图3　阅读21天阅读打卡，我得了
　　　小奖状！

图4　独立表演我不怕，我是最美
　　　朗读者！

　　艺术节：幼儿通过自信满满的精彩演出和放飞想象的创意作品，知道"我真棒"，如图5至图8所示。

图5　美轮美奂的舞蹈表演

图6　生动的戏剧专场

图7　泡沫、彩笔、吸管等
　　　多种材料的创意利用

图8　黏土等材料的创意利用

　　在"今夜不回家"幼小衔接活动上，幼儿实践独立、挑战自我，相信"我长大了，我最棒"，如图9至图14所示。

图9　昨晚在家和妈妈一起
整理的行李箱，欧耶！

图10　自己洗澡香喷喷！

图11　漆黑的夜我不怕，打着电筒探险寻宝

图12　荧光棒派对

图13　睡房墙面巧利用，爸爸带我们探秘地球

图14　爸妈不在我也不怕,甜甜地进入梦乡喽！

在各种赛事活动中，香洲教育幼儿园合唱团与足球队的幼儿，自尊、自信、勇敢、拼搏，如图15、图16所示。

图15　外出参赛的幼儿园
　　　 合唱团荣获金奖

图16　走出珠海、走向全国的
　　　 幼儿园足球队

2. 人际交往

幼儿期是发展人际交往能力的基础阶段，香洲教育幼儿园通过开展室内外自主游戏、图书玩具分享、亲子活动等丰富的社会家课程，促进幼儿人际交往能力的发展。

（1）室内外自主游戏促进了幼儿社会交往能力的发展。

在幼儿社会性发展中，室内外自主游戏活动为幼儿提供了自主选择、自由交往、自主结伴开展游戏活动的机会。幼儿在活动过程中学习与同伴交往的规则和技能，很好地促进了其社会交往能力的发展，如图17、图18所示。

图17　接下来该怎么走了，我们一起
　　　 想一想

图18　放水、接水，分工合作

（2）图书玩具分享帮助幼儿学会与同伴友好相处的技能和方法。

资源共享，如利于发展幼儿交往能力的图书玩具分享活动，不仅帮助幼儿丰富了阅读与探索的资源，更重要的是能够使幼儿在与同伴分享玩具、图书等的过程中，学会与同伴友好相处的技能和方法，促进幼儿人际交往能力的发展，如图19、图20所示。

图19 玩具分享日　　　　　　图20 以书易书

（3）大带小活动为幼儿提供自然的交往机会。

打破班级界限的大带小活动，让幼儿有更多机会参加不同群体的活动。幼儿在学会交往的同时，潜移默化地促进了社会性的发展。

在日常生活各环节中，大班幼儿与小、中班幼儿的互动无处不在。

六一儿童节中，大班的幼儿带着小、中班的幼儿去游园玩游戏，如图21、图22所示。

图21 拉好小手散散步　　　　　图22 公主与小矮人

（4）香洲教育幼儿园开展的春游、秋游、儿童节、运动会等亲子活动，促进了幼儿个性的发展与完善，如图23至图26所示。

图23 儿童节　　　　　图24 运动会上，家长和我们一起
　　　　　　　　　　　　　　　　把快乐传递

65

图25　秋游亲子活动

图26　和小伙伴一起出游真开心！

（二）社会适应

1. 行为规则

幼儿的规则意识及执行规则的能力是社会适应中的重要内容，是儿童学习、生活的基础与保证。香洲教育幼儿园社会家活动注重将社会生活与规则教育相融合，使幼儿在对话与协商中成为规则的制定者，通过"我的班级我做主""礼仪小天使""环保小卫士""规则游戏"等社会家活动的开展，使幼儿乐于主动遵守规则，积极发展自我调控能力，形成良好的行为习惯，促进了幼儿社会规则意识的形成。

（1）"我的班级我做主"增强了幼儿的集体意识，激发了幼儿的社会责任感。

以"五常"理念为主导的"我的班级我做主"社会主题活动，通过幼儿的讨论协商自定规则到主动遵守规则，再到规则的内化，增强了幼儿的集体意识，激发了幼儿的社会责任感，如图27至图35所示。

图27　在每次的公告时间，全班幼儿决定
　　　由小组长代替老师来管理班级

图28　幼儿探讨制定管理班级规则

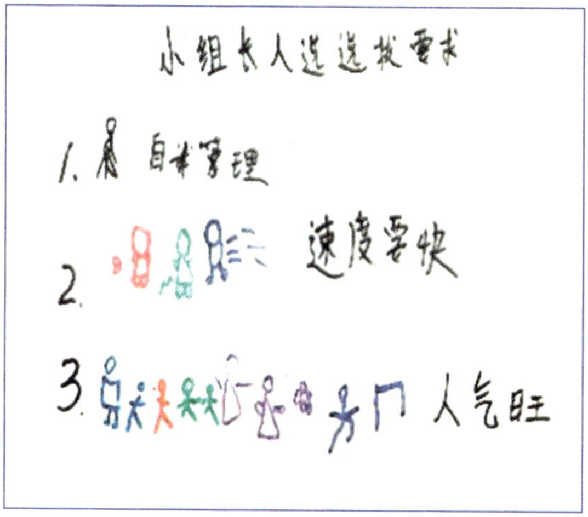

图29　小组长人选要求

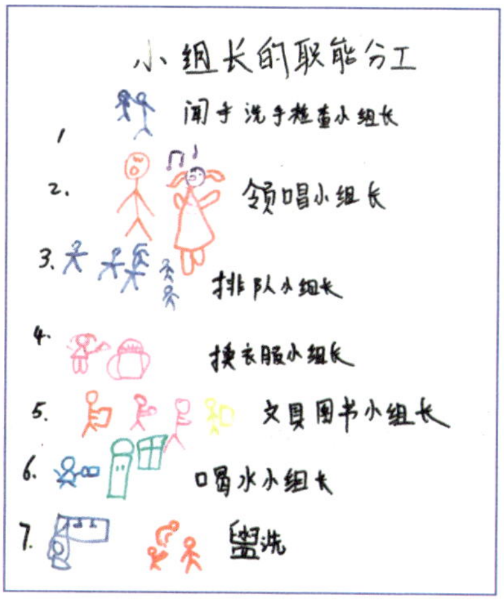

图30　小组长职能分工

图31　自荐或推荐产生小组长人选

图32　召开小组长工作会议

图33　挂牌工作，明确分工

图34　填写管理手册

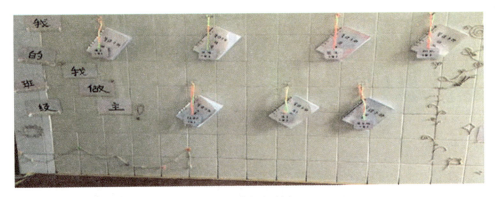

图35　小组长制度

（2）通过"礼仪小天使""环保小卫士"等活动的开展，培养幼儿的良好礼仪、环保意识和基本的行为规范。

我们在日常开展了"礼仪小天使""环保小卫士"等社会家活动，让每一个幼儿都参与到礼仪、环保教育的实践活动中来，培养了幼儿良好的礼仪、环保意识和基本的行为规范，如图36、图37所示。

<table>
<tr><td>图36　我们是光荣的"礼仪小天使"</td><td>图37　小朋友好，叔叔阿姨早上好</td></tr>
</table>

2. 民俗文化

香洲教育幼儿园社会家课程通过升旗仪式、传统节日庆典、外出参观实践等活动，让幼儿走进社会、了解社会，使幼儿在体验感受中国文化的同时，激发其爱家乡、爱祖国的美好情感，从而形成初步的归属感。

（1）在升旗仪式中激发幼儿"我是中国人"的自豪感和归属感。

每周一早上8点，全园师生身着整齐的园服，在幼儿园操场上参加升旗仪式活动，如图38至图41所示。

图38　挺胸、抬头，站整齐

图39　爸爸妈妈齐参与，我是光荣的升旗手！

图40　升旗仪式上来了军人叔叔

图41　唱响国歌，我们是骄傲的中国人！

　　（2）外出参观实践活动帮助幼儿了解社会、热爱生活。我们带领幼儿走出幼儿园，走进消防大队、超市、图书馆等社会场所，帮助幼儿进一步了解社会，知道各行各业与我们生活的密切联系，同时引导幼儿懂得体会他人付出，珍惜尊重他人的劳动成果，也使幼儿热爱生活的情感得到了进一步激发，如图42至图49所示。

图42　消防局，认真看，仔细听

图43　海洋王国，亲子共绘长卷

图44 在警备区，与解放军叔叔和
军舰零距离

图45 学习敬礼

图46 开笔礼

图47 走进小学，感受小学生活

图48 走进市少儿图书馆

图49 在书的世界里尽情翱翔

（3）传统节日庆典活动增强了幼儿对中华民族传统习俗的了解，传承传统美德。

香洲教育幼儿园极具特色的传统节日庆典活动开展得有声有色，围绕春节、元宵节、端午节、中秋节、冬至等传统节日开展活动，增强幼儿对中华民族传统习俗的了解，以期能传承传统美德。

①"欢欢喜喜过大年"，如图50至图53所示。

图50 "财神爷"一家

图51 舞儿跳起来

图52 赏花灯

图53 包元宵，团团圆圆庆元宵

② "情浓端午粽飘香"，如图54至图57所示。

图54 听故事、看偶戏

图55 五彩线，手腕绑

图56 奶奶教我们包粽子

图57 龙舟下水喜洋洋

③"团团圆圆迎中秋"，如图58至图61所示。

图58　中秋节一起赏月亮

图59　小朋友们一起赏花灯

图60　拔河比赛

图61　自己动手制作月饼

④"温情冬至你我他"，如图62至图65所示。

图62　大手拉小手，我们一起去
　　　　"冬王国"

图63　搓冬至汤圆

图64　亲子制作小橘灯

图65　带着温暖和勇气，点亮深冬花园

第二章 各年级精品课程

小班主题课程
——"我爱我的幼儿园"主题系列活动

【主题背景】

小班第二学期的幼儿大部分已逐渐适应幼儿园生活，对教师有了信任和依恋之情，与同伴相处也越来越和谐，基本建立了对班级的归属感。但除班级之外，他们对园内其他环境及情况还比较陌生，时常出现抗拒大的集体活动的现象，如不愿参加周一的集体升旗；班上有别的教师来帮班时，个别幼儿紧张哭泣；晨检时，总有一些幼儿比较抗拒校医，不愿意配合晨检。为帮助幼儿与班级以外的幼儿园内的人、事、物建立情感连接，加深对幼儿园的深层次认识，对幼儿园产生归属感，本学期我们开展了"我爱我的幼儿园"主题课程。

【主题目标】

（1）了解幼儿园——幼儿园有哪些好玩的地方？我最喜欢玩什么？引导幼儿逐渐熟悉幼儿园环境，乐于参与幼儿园的各项活动。

（2）爱上幼儿园——除了教师之外，幼儿园还有哪些工作人员？他们都为幼儿园做了些什么？帮助幼儿认识在幼儿园不同岗位工作的人员，了解其职务特点及工作环境，让幼儿理解并尊重不同岗位的工作人员，知道他们为幼儿园付出的劳动。

（3）为幼儿园做什么——激发幼儿为幼儿园服务的情感，为幼儿园做力所能及的事。

"我爱我的幼儿园"主题网络图，如图1所示。

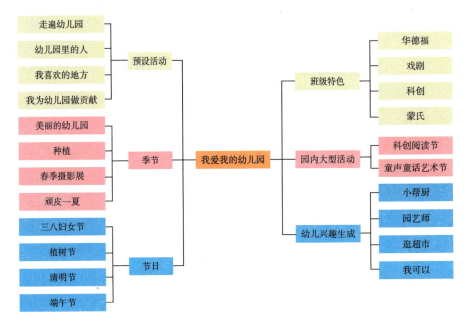

图1 "我爱我的幼儿园"主题网络图

【主题开展】

活动围绕着了解幼儿园里的各个部门与角落、认识幼儿园里的人和物、在幼儿园里一起过节而展开。

我爱我的幼儿园（一）
——走进幼儿园厨房

幼儿园的厨房是什么样子的？厨房的叔叔阿姨们又是怎样工作的？带着这样的好奇，经过我们的提前预约，厨房的丁长江叔叔热情地接待了孩子们。

一、参观教师餐厅

大家首先走进了摆放着整齐桌椅的教师餐厅，幼儿好奇的目光停留在了餐厅最里面的柜子上。咦，这是什么？

丁叔叔说它的名字叫作"保温箱"，如图2所示，天气冷的时候老师们的午餐会放在里面加热。不同的保温箱里会放入不同的食物，这样无论多晚下班的老师都会有热热的饭菜，如图3所示。

图2　保温箱　　　　　　　　　　　　图3　介绍保温箱功能

二、走进洗碗间

哇，好大的饮水机？丁长江叔叔说："这是热水器，两个水龙头放出来的都是热水，绿灯表示水已经烧好，红灯表示正在加热，这个热水器可以在洗碗的时候用。瞧，旁边的水槽就是老师们洗碗的地方，还有比洗衣机还大的消毒柜呢！"如图4至图6所示。

图4　教师碗柜　　　　　　图5　幼儿餐具架　　　　　　图6　消毒柜

三、探秘香香的面点房

走进面点房，面点师傅正在做点心，他还邀请我们试着在面点盘子上面刷油，说这样不沾盘。我们还看到了大大的烤箱和储存水果、牛奶的冰箱。

图7　我来刷刷油　　　　　　　　图8　水果冰箱

另一边，幼儿惊喜地发现，前几天吃蛋糕的盖子也摆放在面点房的柜子上，于是都指着上边直喊："哇！快看是蛋糕。"如图9、图10所示。

图9　蛋糕盖子就在那里　　　　　　图10　好多烤盘

四、进入热闹的操作间

操作间里有很多厨具和设施，如炒菜的大锅子、特大的大铲子、煲汤的锅、豆浆机、洗菜的池子以及流水槽等，这些都引起了幼儿强烈的好奇心和探索欲，如图11、图12所示。

图11　有趣的汤龙头　　　　　　图12　好多水池哦

五、储存丰富食材的仓库

储存食材仓库中的食材种类真是五花八门种类齐全，如图13所示。

"仓库里摆放的东西可真多！有米、面、油、干货和调味品。"

"原来醋还有白色和黑色的呀！"小伙伴们说，"白色的叫作白醋，黑色的叫作陈醋。"

咦，蓝色的本子又是干什么用的？原来每个本子都有自己的名字，记录着不同的内容、不同的事情等。它们是厨房师傅们的工作记录本。

图13 食物储藏库

终于，叽里呱啦的好奇宝宝们在丁长江叔叔耐心、细致的解答下，对神秘的厨房有了很多了解和认识，于是心满意足地离开了厨房。

参观回来后，幼儿神采飞扬地分享着自己的新发现。

李阳："我们家里的厨房好小，幼儿园的厨房好大呀！"

佑子："幼儿园有大大的烤箱，两层的，是烤面包的。"

梓菱："我发现很多蛋糕盘子、盖子，还有老师们放碗的地方。"

沫沫："我最喜欢做蛋糕的地方，因为我喜欢吃蛋糕。"

佑子："我家里的厨房只有一个门，幼儿园的厨房有两个，一个前门，一个后门。"

教师的活动审议：

通过今天的实地参观，幼儿认识并了解了幼儿园厨房的基本构造与各种厨具及食材。同时有许多幼儿能够积极主动地与厨师交流，大胆地表达自己的见解，通过幼儿回来之后的谈话，感觉到幼儿对厨师叔叔阿姨们更加崇拜了。有一点值得注意的是，有许多幼儿对做蛋糕、做食物还是十分向往的，我们可以

尝试在接下来的活动当中以制作食物为契机增强幼儿在园的主人翁意识，培养幼儿的自我服务能力，让幼儿了解食物的制作过程，以减少幼儿挑食、不珍惜粮食的行为。

通过查看幼儿园第二周幼儿食谱，我们找到可以让小班幼儿参与的帮厨内容——剥百合。

六、生成活动："我是小帮厨——剥百合"

如图14所示，幼儿们聚集在一起准备参与"我是小帮厨——剥百合"的活动。

课程的实施

（1）咦？老师带来的这个圆圆白白的宝贝是什么？

美如："我知道是鸡蛋。"

图14　白白的百合像大蒜

杰林："汤圆。"

展鸣："不对，是百合，不知道怎么吃。"

（2）仔细观察看看，百合长什么样？想想看：可以怎么吃？

杰林："像花瓣。"

紫菱："白白的像鸡蛋。"

李阳："可以把它和米饭放在一起吃的。"

（3）今天下午我们要喝百合瘦肉粥，厨房的阿姨们要剥许多百合，我们一起帮忙剥百合吧。

（4）回到教室，孩子们一起回顾剥百合时的发现与感受，如图15所示。

邦邦："我不喜欢剥，太难剥了。"

展鸣："我发现手上黏黏的，把我手黏住了。"

佑之："我发现百合里面有水，脏脏的。"

教师："有没有遇到困难？"

展鸣："没有困难，我剥了三个呢。"

骅霖："前面白白的地方好剥，黑色的地方不好弄。"

教师："我们不嫌脏、不怕累，都是叔叔阿姨的好帮手。"

图15　一瓣一瓣轻轻剥

（5）分享："我爱我的幼儿园"之品尝劳动成果。

图16　喝百合粥

图17　今天的百合粥格外好吃呢！

七、延伸活动——家园共育

在帮厨活动后，教师及时以图片、文字、视频的方式反馈幼儿在园的课程开展，并鼓励家园合作同步开展家中的帮厨活动，如图18、图19所示。

图18　帮厨展示板

图19　我是快乐的小帮厨

看！一双双稚嫩的小手，爆发出大大的能量。择菜、擀饺子皮等许多工作都不在话下。教室外面的分享展示区每天都围着许多驻足讨论、开心交流的小伙伴们，我们是快乐的小帮厨，参与劳动真快乐！

我爱我的幼儿园（二）

——秘密花园大发现

这一天我们在秘密花园的种植园地中发现了一颗有趣的"植物"。有人说它是红薯，有人说它是萝卜……它到底是什么呢？大家都想弄个明白，决定把这个"植物"带回班一探究竟，如图20所示。

图20　这到底是什么

一、生成活动一——科学活动：比较红薯、胡萝卜、白萝卜

我们一起找出红薯、胡萝卜的图片及食物。观察看看吧：颜色一样吗？形状一样吗？

红薯的叶子弯弯的、胖胖的，像个石头；萝卜的叶子直直的，它们是不一样的。

二、区角活动及主题墙面的出现

教师的思考：经过观察，幼儿已经能从颜色、形状、叶子及生长特性辨认红薯、胡萝卜和白萝卜三种蔬菜的不同。如何将活动继续在区域以及环境中呈现出来，以达到更好的教学延续效果？经过商讨，我们制定了区角活动内容——区分红薯、胡萝卜和白萝卜，巧妙运用夹的动作，根据外形特征、叶子、制作成的食物进行三组分类，既体现了操作性又体现了趣味性，如图21、图22所示。

设计主题墙面：外面主题墙上展示了相应的操作内容，幼儿在放学后可以跟家长进行操作练习，更直观地让家长知道幼儿近期学习的内容。

图21 我来分分类

图22 看我分对了吗

三、生成活动二

烹饪活动一：制作美味的红薯糖水

"红薯糖水好好吃，好甜呀！""生的红薯硬硬的，煮熟的红薯软软的，真好吃！"如图23至图25所示。

图23 教师分糖水给幼儿

图24 甜甜的红薯糖水

图25 超级好吃

烹饪活动二：腌萝卜

我们自己动手腌萝卜。洗、切、夹样样行，还可以带回家和爸爸妈妈一起

品尝！如图26、图27所示。

图26　动手切萝卜　　　　　　　　图27　腌萝卜

四、奇妙探索：种植方法

萝卜和红薯是怎样种出来的呢？周末，爸爸妈妈带我们来到了梅华城市花园的小菜地实地考察，如图28至图30所示。

图28　拔出的胡萝卜　　　图29　观察菜园　　　图30　瞧，我发现了什么

"亲子小海报"，和小伙伴共同分享种植小技巧，如图31至图33所示。

图31　种植小技巧　　　图32　分享种植过程　　　图33　种植小海报分享

　　教师的观察：幼儿从菜园里带来了很多小苗苗以及小种子，幼儿围在一起观察它们之间的不同：它们都是长在根上的，有的大、有的小，白萝卜的叶子跟胡萝卜的叶子不一样，番薯还没有结出果实呢。

　　种植方法一：幼苗栽种体验，如图34至图40所示

图34　菜园里的蔬菜

图35　挑选要种植的植物

图36　我们要种萝卜啦！

图37　装土进盆

图38　挖坑，放菜苗

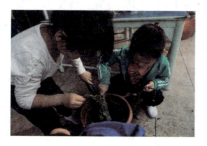

图39　盖好土

图40　浇浇水

种植方法二：种子的种植体验，如图41至图45所示

图41　小种子

图42　泡一泡

图43　清水过滤几次，把水沥干

图44　把泡好的种子放进托盘里的毛巾上

图45　小种子会发芽吗

　　准备小毛巾或者纸巾，把洗好的种子放在毛巾的一角，像躺在一张小床上一样。用毛巾折叠包裹小种子，每天都要给小种子浇水，让它的生长环境保持湿润。

　　观察三天以后的种子：种子究竟会不会发芽呢？当打开毛巾的一瞬间，孩子们沸腾了，"长芽了""长出来了""我猜对了"。再看看毛巾的背面，小种子的根部已经穿过了毛巾，"小种子，好厉害，力气真大！"如图46至图48所示。

图46　发芽的小种子

图47　小种子根穿过了毛巾

图48　观察种子

原来小小的种子，有很强大的力量，在生长的过程中不仅能穿破毛巾，还能穿过泥土。

五、活动区材料设计及投放：种子催芽

教师的思考：种子发芽是一个非常微妙的过程，幼儿通过观察会发现植物的神奇力量。为了让幼儿能更好地体验和参与，通过自己培育小种子，观察微妙的生命变化，培养幼儿的观察力和对科学的探究意识，我们设计了种子催芽活动。同时，这个活动程序比较复杂，对于小班的幼儿会有一定的难度，能够培养幼儿的秩序感以及有序操作和清洁工具的良好习惯，如图49、图50所示。

图49　需要用到的工具

图50　区域里的工作投放

幼儿的表现：幼儿在区域中自主操作催芽的工作，只要做了这份工作的小朋友，都会坚持每天给自己的小种子浇水，孩子们总会成群结队地围在展示柜边，观察种子的变化，时常会听到幼儿兴奋的声音："老师，我的种子发芽

了!"愉悦的心情无以言表,如图51至图53所示。

图51 发芽的小种子　　　图52 给小种子浇水　　　图53 瞧,我自己种的小种
　　　　　　　　　　　　　　　　　　　　　　　　　　　　子发芽啦!

六、我的植物牌——是胡萝卜还是白萝卜

带来的两种萝卜种子,幼儿自己选择一种种植在自己的小花盆里,小朋友问:哪种是胡萝卜,哪种是白萝卜?于是我们决定一起带着这样的疑问观察,同时教师也制作了一个植物牌,如图54至图56所示,让孩子带着目的观察,看看究竟最后长出来的是属于哪一种萝卜。

图54 美丽可爱的植物　　　图55 美丽可爱的植物牌(2)　　　图56 美丽可爱的植物
　　　牌(1)　　　　　　　　　　　　　　　　　　　　　　　　　　　牌(3)

教师的思考:探索学习的过程往往比结果来得更重要,教师一开始并没有直接把答案告诉幼儿,而是让幼儿自己慢慢地在种植的过程中去发现、观察,最终得到答案。因为在之前的学习中,幼儿已经对胡萝卜和白萝卜的叶子有了一定的认识,相信幼儿很快就会得到答案。

七、收获的喜悦——白萝卜菜苗

幼儿带着期待,每天都会去观察小萝卜。萝卜苗越长越高,越来越茂盛,如图57、图58所示。

图57 萝卜苗　　　　　　　　图58 我们的小苗苗长高啦！

丰收的日子到了，孩子们一起剪菜、洗菜，烹饪制作美味的萝卜苗瘦肉蛋汤，如图59至图62所示。

图59 剪萝卜苗　　　　　　　图60 萝卜苗瘦肉蛋汤

图61 分享汤羹　　　　　　　图62 美味的汤

我爱我的幼儿园（三）
——幼儿园里的端午节

端午节就要到了，这是我们第一次在幼儿园和老师、小伙伴一起过节，真开心！

活动开展前，如图63至图66所示。

图63　端午节展示　　　　　图64　好大的船　　　　　图65　彩色的蛋

图66　教师课程审议

活动一：关于端午节的谈论

师："谁知道再过几天是什么节日？"

茵："是粽子节吗？我看到图片上有一些粽子。"

宇："我看到了龙，上面还写着'端午'。"

师："是的，再过几天就是农历的五月初五，是端午节。"如图67所示。

潘："端午节有五颜六色的蛋，蓝色、粉色和绿色。"

师："这叫彩蛋，除了多种颜色，还有不同的图案。"如图68所示。

幼儿兴趣产生：这些图案是怎么到鸡蛋上的呢？

图67 端午龙舟

图68 彩蛋制作法

活动二：了解彩蛋染制的方法和材料

跟教师一起找来彩蛋染制的制作图示，了解彩蛋制作方法。如图69至71所示。

图69 彩蛋制作过程

图70 提问制作过程

图71 往彩蛋上贴小叶子

1. 发现、探索新材料

观察、猜测：包裹在鸡蛋外面的材料到底是什么呢？如图72至图74所示。

图72 咦？这蛋好奇怪

图73 我看看是什么

茵："这是不是像窗帘一样的东西包在鸡蛋的外面？"

图74　原来是妈妈穿的丝袜

琳："这像煲鱼粥的袋子。"

涛："这是不是透明的纸巾？"

桐："我觉得这像我家弄豆浆的袋子。"

琳："是透明胶吗？"

恬："会不会是气球呢？"

宇："还是画画的袋子？"

教师思考：

看来幼儿在生活中没有接触过类似的材料，但对于这个新事物还有一些了解，大多数幼儿都能发现它的基本特征，并结合自己的生活经验对其进行猜测。

2. 介绍特别的新材料

为了帮助幼儿建构基本概念，教师现场选择一名幼儿，想借助这名幼儿相对比较薄的袜子来理解"丝袜"的概念，结果又为现场带来一波欢笑……

3. 活动中的审议（教师）

活动后教师的思考：

（1）如果没有合适的材料，是否需要借助类似材料帮助幼儿理解？

（2）学习活动中，直接呈现绝对答案很重要吗？

我们这样做的原因：

（1）当一个难点暂时未被攻破时，教师还需考虑幼儿的专注度及活动的疲劳感，于是，这个时候我们想利用类似的材料，一只幼儿认为的"小臭袜"顿时让我们的活动气氛再一次被调动起来，也同时激起幼儿对这样的新材料更强的思考与探索。

（2）黑色长丝袜是班级保育教师递给现场教师的，这也体现了我们班级一直以来的活动氛围：大家都参与在课程中，关注课程的动向，随时给予及时的支持。

4. 彩蛋煮染制作步骤

彩蛋煮染制作具体步骤，如图75所示。

步骤三

步骤：1.清洗、粘贴；2.包裹丝袜；3.加入燃料、煮制彩蛋

图75　彩蛋煮染的制作步骤

活动三：完成制作彩蛋的材料记录表，如图76所示

图76　让我们一起来记录

活动四：统计

1. 统计材料数量

一起来看看我们统计的数量结果，如图77所示。

赫："23个。"

成："你还算少了涵的。"

雯："那就是24个。"

桐："24个。"

公布答案：今天的来园人数是24人。

"制作彩蛋材料的总数量就是今天的来园人数吗？"

恒："我们班有30人，每个人都要有鸡蛋，要30个。"

图77　我来数一数

恩："那还有4个老师呢，全部要34个！"

师："大家同意这个数量吗？"（孩子们纷纷点头表示赞同），如图78所示。

图78　师生一起统计材料数量

结论：30+4=34，我们总共需要34个鸡蛋。

除了鸡蛋，其他材料的数量又是多少呢？如图79所示。

娜：丝袜也是要34只。

师：树叶呢？

孩：也是34片。

孩：但是有的鸡蛋上要贴很多树叶。

恩：那就有很多树叶。

师：植物染料呢？

成：我们想要买什么颜色就买多少。

嘟：应该是几瓶就可以了。

图79　统计表的形成

2. 统计材料来源，如图80所示

图80　谁知道这些材料都在哪

在确定了需要提前购买的材料后，我们决定分组前往超市和烘焙店这两个地方去购买鸡蛋、丝袜和植物染料，并为此列好了采购清单。

活动五：社会体验实践——采购制作彩蛋的材料

地点一：银桦新村万佳——采购鸡蛋、丝袜。

1.手持购物清单，我们一起出发！如图81、图82所示

图81　出发前合张影　　　　　图82　我们去买材料了

2.一起推上购物车，我们去找找吧！如图83所示

图83　进超市一定要推购物车

3.找到啦！我们发现这里有很多鸡蛋，如图84所示

图84　数鸡蛋

让我们一起数一数：

两盒不够34个，可3盒又多了，怎么办呢？

那就把多出来的送给幼儿园其他老师和小朋友吧！

4. 丝袜呢？丝袜在哪里呢？如图85所示

图85　寻找丝袜

5. 我们找到了新丝袜！如图86、图87所示

赫："我们要的是肉色丝袜，不要黑色。"

恩："但是我们要买多少呢？"

图86　挑选袜子　　　　　　图87　最终选择

6. 我们需要多少新丝袜呢？

我们这里有购物清单，可以再看一看到底需要多少。如图88所示。

图88　查看购物清单

7. 34只是多少双呢？

小小"数学家"在教师的帮助提示下，很快发现：

恩："一包丝袜有5双是10只，两包就是20只……4包就有40只。"

8. 一起来确认我们是否买齐购物清单上的物品！如图89、图90所示

图89　确认购买材料（1）　　　　图90　确认购买材料（2）

9. 一起买单！快乐返园！如图91所示

图91　材料买齐了，我们回幼儿园吧

10. "我们也购买了我们计划的食用染料"，如图92所示

地点二：88街烘焙店——采购植物染料

图92　去烘焙店买染料

活动六：制作彩蛋前的其他准备工作

准备一：清洗鸡蛋——好好给鸡蛋洗个澡！如图93所示。

图93　给鸡蛋洗个澡

准备二：拆分丝袜——让丝袜变得平平整整！如图94所示。

图94　丝袜摆整齐

准备三：采摘植物——寻找美丽造型的小花和树叶！如图95所示。

图95　好美的小叶子

准备四：其余准备事项，如图96所示。

图96 还要准备锅哦

活动七：幼儿尝试合作粘贴和包裹彩蛋

发现问题，如图97所示：

（1）幼儿之间很难完成合作，因为一人操作另一人就没办法帮忙，怕压碎了蛋。

（2）粘贴树叶对于幼儿来说很困难，不好固定。

（3）幼儿在操作中力度不好控制，蛋破了好几个。

（4）随着蛋的破碎，幼儿的心情也显得有些失落。

图97 给鸡蛋穿上丝袜衣服

活动八：快乐的亲子合作，如图98所示

基于难度过大的情况，我们和幼儿共同找寻解决办法。幼儿想到了"请家长来帮忙"的好主意。在亲子合作下，制作彩蛋最困难的部分得到良好解决，幼儿感到开心、满足！

图98　家长来帮忙

活动九：煮彩蛋，一起来剥蛋！如图99、图100所示

图99　煮鸡蛋了，红、黄、蓝、绿样样都有

"闻一闻染过的蛋是什么味道？"　　"拆下来的纱布也变成绿色了！"

"一边剥蛋，绿色染料还会一边流下来！"　　"你知道它们都加了什么颜色的染料吗？"　　"我发现我们的手也变成绿色了！"

图100　我们的彩蛋成功啦！

活动十：关于彩蛋的分享，如图101、图102所示

图101 说一说、听一听、看一看，我的彩蛋真可爱！

在分享环节中，幼儿发现：

（1）用了不同颜色的染料，可以染出不同颜色的蛋。

（2）用了不同造型的花草树叶，可以给鸡蛋留下漂亮、特别的图案。

（3）用了不同大小的花草树叶，留在鸡蛋上的图案也会有大小的不同。

（4）在粘贴树叶的时候，还可以发挥创意，拼贴出更美丽的组合造型。

活动中的审议：

（师幼间）听听孩子的心声，进入我们的师幼课程审议——

师："对这一次制作的彩蛋，你们满意吗？为什么？"

壕："我不满意，我想制作像恐龙蛋一样的图案，不想要那些花草的图案！"

桐："我的彩蛋是巧克力颜色的，我哥哥喜欢这个颜色，但是我不喜欢，我喜欢红色。"

审议结果：

幼儿问题一：我不满意，我想制作像恐龙蛋一样的图案，不想要那些花草的图案！

调整：下一次有类似这样的活动时，教师可以事先和家长沟通清楚我们的活动意图，引领家长基于孩子的内心想法去帮助他们实现自己的意图或愿望；或者在这个环节之前教师可以加入幼儿自己设计彩蛋的设计环节，鼓励孩子在活动前更多地表达自己内心的需求及想法。

幼儿问题二：我的彩蛋是巧克力颜色的，我哥哥喜欢这个颜色，但是我不喜欢，我喜欢红色。

调整：下次在做活动预设时，教师可以提前与幼儿就预设中存在的问题展开讨论，鼓励幼儿针对问题进行商讨，寻找解决问题的策略，提前做好准备。在本次活动中，教师也可以及时就这个问题与幼儿进行讨论，帮助他们在想办法的同时积累自己的经验。

图102 彩蛋大合照

【小结】

一个学期的主题体验与深入开展，"我爱我的幼儿园"已深入了幼儿的内心，较好地诠释并体现出香洲教育幼儿园常思课程中"四大家"的内涵。幼儿是厨房里勤劳的小厨师，是秘密花园里好奇的探秘家，是发现幼儿园美好的摄影者，更是端午节日中快乐的小精灵。幼儿潜移默化地走在了成为乐于沟通表达的"社会家"、经验转化运用的"生活家"、敢于创新的"探索家"以及对美好体验的"艺术家"的"四大家"成长道路上。

我们深信，将课程交给幼儿，追随幼儿的脚步，他们就会用自己的童言童语勾画幼儿园的欣荣，勾画珠海的蓝天，勾画祖国的未来！

"我爱我的幼儿园"，对幼儿园的探索将随着幼儿的成长持续进行。

中班组精品课程——"童声·童画·童梦"
庆六一系列主题活动：梦幻珠海

一、主题来源

党的十九大报告中指出："文化是一个国家、一个民族的灵魂。文化兴、国运兴，文化强、民族强。"相信每个幼儿心里都有一颗美的种子和强烈的艺术表现愿望，在庆六一活动中，教师和幼儿一起通过与生活中的材料相遇、互动，与神奇的材料结合，共同创作美妙的艺术，享受努力和创造带来的成功的喜悦，为幼儿架起传统与未来、社会与个人、传承与使命的桥梁，让幼儿在活动中创造美、感受美，进而学会欣赏美，让艺术伴随幼儿一生成长。本主题活动着重突出"艺术家"和"社会家"两个方面。

（1）童声：教师和幼儿大合唱，让我们对祖国、对家乡进行歌颂。

（2）童画：师生共同设计创作庆六一的活动背景装饰。家长帮忙收集各种废旧单车，以变废为宝的原则来美化装饰大环境。

（3）童梦：每个幼儿心中都有一个梦想或者喜欢的角色人物。大带小Cosplay游园活动，让孩子实现自己的梦幻之旅。

二、主题目标

提高幼儿的艺术欣赏水平和感受美的能力，培养幼儿合作意识和交往能力，培养幼儿爱祖国、爱家乡的情感。

三、主题网络图

主题网络图，如图1所示。

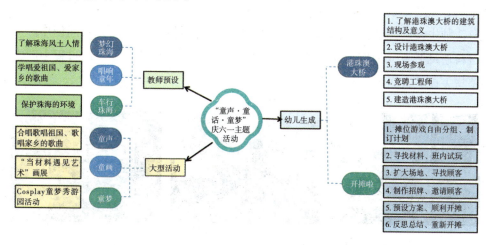

图1 主题网络图

四、大型活动

1. 童声——歌唱祖国、歌唱家乡

为了增强幼儿对祖国的认识，知道祖国的伟大历程如画、光辉岁月如歌，

既让幼儿知道这些老歌曲会一代代传扬下去，也让幼儿知道我们现在的生活来之不易，幼儿园开展了"歌唱祖国、歌唱家乡"合唱大赛。如图2、图3所示。

图2　合唱大赛　　　　　　　　　　　　　图3　庄严的升旗仪式

幼儿在舞台上歌唱《红星歌》《歌唱祖国》《祖国祖国我们爱你》。为了让幼儿了解家乡的语言特色，香洲教育幼儿园还发动幼儿学习广东民谣，学唱《团团转》《落雨大》《何家公鸡何家猜》等，激发幼儿爱家乡的情感。

2. 童画——当材料遇见艺术

为了充分发挥环境在幼儿教育中"润物细无声"的教育作用，教师发动家长收集环保材料，带领幼儿清洁干净废旧的单车、奶粉罐、雨伞等丰富的材料，师生共同感受自然和材料，运用教育的智慧鼓励和引导幼儿共同创作。当材料遇见艺术，创作出独具匠心的艺术作品，可以让幼儿在参与的过程中欣赏美与表现美。如图4所示。

图4　别具匠心的特色环境

环境既然是教育的一部分，就要充分发挥环境与家长的互动作用，着力将环境因素转为教育因素，教师、孩子和家长都参与其中，分工协作，把大环境整齐有序地布置完成。

我们的收获：

（1）经过精心布置，幼儿园环境焕然一新，尽情地凸显童趣和环保特色。

（2）幼儿对环境创设有了更直观的体验和实践感悟。

（3）幼儿享受了想象和创造带来的喜悦、自信和成功。

对于幼儿来说，进行环境布置的过程就是最真实、最贴近生活的学习课程。

3. 童梦——Cosplay童梦秀游园活动

童梦，赋予幼儿梦想的翅膀，让幼儿展翅翱翔。每个幼儿心中都有一个童话梦想，为了满足孩子们的童话之梦，我们来一场Cosplay童梦秀游园活动。

本次Cosplay童梦秀游园活动主要由大班幼儿带着中班幼儿进行，各班教师提前对幼儿进行安全教育，包括在摊位玩耍时，同伴间能询问对方的意见；活动结束后有序地把中班的幼儿安全送回班再自己回班级。当遇到问题冲突时，他们会先商讨，也会寻求教师的帮助。该活动激发了幼儿的主人翁意识，提高了幼儿的交往能力。如图5所示。

图5　我和妈妈一起Cosplay

每个摊位都各具特色，这个游戏让幼儿更加亲密地直接接触。如图6、图7所示。

图6　迪士尼闺蜜

图7　游园乐翻天

　　原来没有大人的看管，孩子们也有足够的责任心保护好自己和小伙伴。这次尝试，培养幼儿独立思考、计划、责任感、爱护伙伴的良好意识。爱游戏是幼儿的天性。在游戏中，幼儿既是快乐的，也是发展着的。在这个梦幻乐园中，每一个幼儿都感受着节日的喜悦。

五、"四大家"活动内容（表1）

表1　"四大家"活动内容

名称	主题名称	生活家	艺术家	探索家	社会家
内容	梦幻珠海	（1）珠海景点打卡。 （2）珠海的环境。 （3）我为"家园"帮点忙。 （4）认识生活中的各种材料。 （5）"大带小"的安全教育。	（1）当材料遇见艺术——美丽的日月贝。 （2）我也是设计师。 （3）探索港珠澳大桥。 （4）拼搭港珠澳大桥。 （5）观看港珠澳大桥大电影。 （6）建造港珠澳大桥。 （7）多种材料的探索创作。 （8）"梦幻珠海"艺术作品创作。	（1）了不起的设计师：庆六一大合唱。 （2）音乐律动：猜猜我是什么？（用肢体表现珠海景点）。 （3）绘画：我爱珠海。 （4）绘画港珠澳大桥平面图。 （5）纸黏土：珠海渔女。 （6）探索建构港珠澳大桥的材料和方法。 （7）探索游戏的玩法。	（1）美丽的珠海。 （2）珠海最闪亮的地方——日月贝。 （3）了解身边的职业。和警察叔叔相遇了。 （4）了解珠海景点：日月贝、灯塔、港珠澳大桥、情侣路、海洋王国…… （5）观看珠海宣传片。 （6）珠海渔女的传说。 （7）港珠澳大桥给大家带来的便利。

名称	主题名称	生活家	艺术家	探索家	社会家
内容	唱想童年	（1）好吃的雪糕。 （2）保护我的咽喉。 （3）零食要少吃。	（1）歌曲：我会听话。 （2）广东童谣：落雨大。 （3）美工：喜欢的花瓶。 （4）绘画梦之船。	（1）国歌的秘密。 （5）绘画《飘扬的五星红旗》 （2）中国民族知多少。 （3）神秘珠海。 （4）升旗仪式。	（1）六一的由来。 （2）地震。 （3）我爱我家。 （4）珠海的名胜古迹。 （5）五星红旗。 （6）身边可爱的人们。
	车行珠海	（1）交通规则。 （2）安全演练。 （3）清洁小单车。	（1）节目排练。 （2）单车的样子。 （3）长卷水墨画《美丽珠海》。 （4）轻黏土创作《车行珠海》。	（1）小组分享远足活动有感。 （2）绘本分析《揭秘汽车》。	（1）如何做个小客人。 （2）小伙伴有约。

六、主题活动背景

在讨论珠海各大景点时，幼儿就像小小导游，给我们介绍了许多珠海著名景点和大家喜欢去的地方。其中，幼儿最感兴趣的就是新开放的港珠澳大桥了。幼儿很好奇这座大桥是怎样建成的，也好奇这座大桥到底有多长。为了满足幼儿的好奇心，我们开启了探索港珠澳大桥之旅。

七、预设主题活动目标

（1）了解珠海的位置，知道自己是珠海人。了解珠海的特产、特色及代表性景物。

（2）通过了解多种生活材料，激发幼儿创作"梦幻珠海"艺术作品的意图，增进环保意识。

（3）通过多种艺术表现形式，提高幼儿欣赏美、感受美、创造美的能力。

（4）通过各种不同的形式，丰富幼儿对珠海的认识，让幼儿感受珠海的美好，萌发爱珠海的情感。

（5）通过讨论庆六一大型活动策划，鼓励幼儿参加集体活动，提高幼儿集体意识。

（6）通过"大带小"活动，激发幼儿的主人翁意识，提高幼儿的交往能力。

（7）通过升旗、合唱表演等形式，让幼儿认识国旗，通过学习唱国歌以及升国旗的礼仪，激发幼儿的民族自豪感。

八、预设主题"梦幻珠海"网络图

预设主题"梦幻珠海"网络图，如图8所示。

图8 "梦幻珠海"主题网络图

九、课程实施

1. 观看珠海宣传片

为了培养幼儿爱祖国、爱家乡的情感，给幼儿播放珠海宣传片，其中出现了港珠澳大桥、珠海渔女等珠海景点。在师幼谈话中，幼儿表现出对珠海景点感兴趣，如图9所示。

图9 观看珠海宣传片

2. 了解珠海景点

以富有珠海元素的胶带为道具，幼儿每天选择自己喜欢的珠海景点进行绘画，并通过观看影片的方式了解珠海各景点，如图10、图11所示。

图10　珠海景点绘画打卡

图11　珠海景观大集合

（1）海洋王国。

认识海洋王国的标志性建筑，了解海洋王国的项目。幼儿对空中飞人感兴趣，了解空中飞人的原理，如图12、图13所示。

图12　云游长隆海洋王国

图13　最受欢迎的打卡地

（2）灯塔。了解灯塔的意义。

（3）日月贝。认识日月贝建筑，如图14所示。

图14　我心中的日月贝

（4）听渔女的传说、画渔女，如图15、图16所示。

图15　渔女的传说　　图16　多种材料创意渔女

（5）纸黏土造型，如图17所示。

图17　美丽的渔家姑娘

十、生成课程（以探索港珠澳大桥为例）

活动名称：探索港珠澳大桥。

1. 活动来源

通过了解珠海的景点和特色，感受珠海的美好，进一步激发幼儿爱珠海的情感。具体活动来源请参考本节"六、主题活动背景"相关内容。

2. 活动目标，如图18所示

生成港珠澳大桥活动目标

在活动中，我们始终追随孩子的兴趣和需要，教师心中有目标，眼中有孩子。基于我班孩子对港珠澳大桥的好奇，我们对此生成活动内容进行规划，制定活动目标，对活动可能的发展路径进行预判。

（1）了解港珠澳大桥的意义及造型。
（2）通过观察、操作、实验，了解大桥的基本构造，尝试用多种材料和方式探究建造港珠澳大桥，激发幼儿的好奇心和探究欲望。
（3）通过家园合作，带幼儿参观港珠澳大桥和合作尝试拼搭港珠澳大桥，激发幼儿乐于表达对港珠澳大桥的感受、体验和情感，体会其给人民生活带来的便利和美好，感受这项世界级工程的伟大。

图18　活动目标

3. 课程实施

（1）了解港珠澳大桥的建筑结构及意义，如图19所示。

幼儿观看港珠澳大桥开通仪式的直播后，对海底隧道、人工岛非常感兴趣，并了解到海底隧道和人工岛的作用是让船只能通航。

（2）设计港珠澳大桥，如图20所示。

幼儿提出了自己的看法，并开始设计港珠澳大桥。

（3）现场参观港珠澳大桥珠海公路口岸，如图21至图24所示。

调动家长资源，带幼儿参观港珠澳大桥，感受这项世界级工程的宏大。

图19　我认识的港珠澳大桥

图20　设计港珠澳大桥

图21　参观港珠澳大桥

图22　实地打卡

图23　近距离接触

图24　记录心得

（4）将想法付诸实践，用多种方式建造港珠澳大桥。

幼儿画出了心中的港珠澳大桥，并提出想搭建出来。根据幼儿的兴趣将幼

儿分为三组，一组用纸黏土，一组用扑克牌，一组用积木，分组进行搭建和创造。如图25至图27所示。

图25　积木搭建大桥　　　　　图26　扑克牌创意大桥　　　　图27　纸黏土塑造大桥

（5）教师的思考。

在第一次的拼搭中，幼儿寻找了几种适合拼搭桥梁的材料，专注时间很长，兴趣点很高。但是幼儿对于桥梁的架构还是有点模糊，搭建出的基本上是一条单一的桥梁。为了进一步支持幼儿的探索，我们进行第二次港珠澳大桥的参观。如图28、图29所示。

图28　影院包场观看港珠澳大桥的纪录片　　　图29　集体合影留念

通过观看影片、记录、说出感受、进一步观察，幼儿了解到港珠澳大桥需要诸多技术、智慧以及很多人的合作才能建成，其中有困难也有失败，但是工程师们没有放弃。正是这种精神深深地激励了幼儿，接下来幼儿又投入到了港珠澳大桥的搭建中，如图30至图32所示。

图30　大型积木搭建港珠　　图31　小积木搭建配套　　　图32　小积木搭建配套
　　　澳大桥主体　　　　　　　　　设施（1）　　　　　　　　设施（2）

（6）竞聘工程师。

幼儿搭建后进行审议，觉得桥不够稳固，拼搭的桥梁没有连贯性，需要进一步完善，要聘请总指挥工程师，幼儿纷纷投稿进行竞聘，最后投票选出四组总指挥工程师。在此活动中，幼儿用流畅的语言说出自己的分工，大大提高了语言表达能力。如图33、图34所示。

图33　竞聘工程师　　　　　　　　　图34　有想法、有创意

通过分组进行合作搭建，四组选择不同的材料与有黏性的辅助材料进行拼搭，这里有失败、有成功，幼儿体验了合作拼搭桥梁的过程，感受到大桥的建造是需要大家合作完成的；也在搭建的过程中学会倾听同伴的想法，学会合作，学会坚守自己的"岗位"，认真完成自己的任务。最后各组的完美呈现让幼儿感到成功的快乐！如图35至图37所示。

图35　海底隧道　　　　　　　　　图36　四通八达

图37　结构完美呈现

4. 教师策略，如图38、图39所示

● 在活动中，我们始终追随幼儿的兴趣和需要，坚持幼儿在活动中的主体地位，引导幼儿自己去发现问题、思考问题、讨论问题、解决问题，幼儿的语言表达、同伴交往、问题解决等能力由此得到了发展。

● 教师通过审议，开展活动支持幼儿去寻求解答。

● 教师组织幼儿进行讨论，归纳出一些大家都想了解的内容，进一步开展活动，通过观察、采访等方式求证和解答之前提出的问题。通过有目的、有计划的参观，幼儿有了更深的认识。教师利用现场拍下的照片和视频帮助幼儿回顾这些内容，对零散的经验进行了梳理。

● 经过多次活动后，与幼儿的讨论达成共识，再进一步开展活动。教师通过提问引导幼儿发表观点并讨论，将幼儿对问题的思考引向深入。

● 激发幼儿自发、用心地准备，这种热情与投入，促使他们主动地学习与探究。

● 生成源于幼儿的需求，体现了幼儿的主动学习。它让幼儿在亲自操作和体验中发现问题、解决问题，使活动不再是纸上谈兵。

图38　教师策略（1）

● 教师将活动的过程通过幼儿园班级主题墙、窗，楼道、纸以及幼儿园网站等展示出来，对幼儿在活动中获得的经验进行了梳理。

● 教师应明确主题活动的目标与价值，增强课程意识，促进幼儿发展目标的达成。

● 教师前期需要做大量的准备工作，包括活动内容的规划、目标的制定以及对活动可能的发展路径的预判等。预设的活动方案作为活动的指南起到方向性引领的作用，但是在活动组织过程中，教师不能机械地按照预设去执行，而应对幼儿表现出的兴趣和需求进行敏锐的判断，捕捉其中有价值的内容。

● 这就要求教师心中有目标，眼中有孩子。因此，在开展大型活动的过程中应始终伴随各种形式的审议活动，以呼应幼儿的需求，让幼儿自主地探，实现经验的自我建构，从促进幼儿能力的发展。

图39　教师策略（2）

5. 家长感悟，如图40所示

幼儿园开展港珠澳大桥活动有感

王祥润妈妈

这段时间小宝放学回家聊得最多的要数港珠澳大桥啦，小家伙一会挺起小胸脯模仿习近平爷爷的口吻大声说："我宣布港珠澳大桥正式开通"，一会又跑过来问我："妈妈，港珠澳大桥的总设计师是孟凡超你知道吗？"一会又问："港珠澳大桥是'现代七大奇迹'你知道吗？你知道海豚三塔吗？建造大桥的工作人员很辛苦，也很伟大呢"知识量好大呀，我这个当妈妈的还不知道呢。看到晓丽老师发来小宝在学校展示"观看港珠澳大桥记录片感受"的视频，看着我的"小男子汉"自信大方的模样，满心欢喜，眼角湿润。时光在苒，转眼小宝就要上大班了，从刚入幼儿园时口齿还不是很清楚，到现在走上讲台淡定自若的演讲；从刚开始早上上学要哭鼻子，到现在爱上幼儿园；记不得是哪一天早上，在学校门口很认真的跟我说："妈妈，我自己可以的"，稚嫩的肩膀背起书包、手上提着被子自己去教室；是宝贝的坚持才让我们能做到每天讲绘本故事；知道妈妈工作辛苦，宝贝不经意的说两句暖心的话语，或者给妈妈捶捶背、做家务。宝贝一点一滴的进步我都看在眼里，感动在心里。

宝贝特别幸运，遇到这么好的老师，教会宝贝爱与被爱、规则意识，让宝贝独立自主和充满自信；感恩外婆每天的坚持，让我们习惯早睡早起，让我们全家在时间管理上比以前做得更好；感恩大宝对小宝的关爱，督促和帮助小宝及时完成作业……

记得看过《牵一只蜗牛去散步》的故事，陪伴是最长情的告白，作为妈妈，唯有珍惜和宝贝相处的每时每刻，见证宝贝的成长历程，和宝贝共同成长，心存感激。

记于宝贝五岁零八天

图40　家长感悟

6. 课程审议

（1）教师审议。

罗老师："'童声·童画·童梦'主题课程活动开展一周了，孩子们越来越像珠海小导游。特别是说到港珠澳大桥时，问了我好多问题。"

晓丽老师："那我们可以从'港珠澳大桥'这个主题出发，可以带孩子用不同材料搭建港珠澳大桥。"

苏老师："我建议选用扑克牌进行拼搭。"

晓丽老师："扑克牌比较轻，把扑克牌用热熔胶固定，作为最后的完整呈现。"

罗老师："好的，今天我提供一些积木、纸黏土、扑克牌，先让孩子拼搭一下，看看效果怎么样。"

（2）幼儿审议，如图41至图43所示。

图41　幼儿审议（1）

图42　幼儿审议（2）

2019年6月5日下午，教师带领幼儿对前一天在建构室搭建的港珠澳大桥进行了分享与总结。在分享中发现幼儿的作品结构不完整，在搭建过程中分工不明确。

问题1：如何搭建才能保证大桥的完整性？

幼儿1：先分开搭建各个部分，再将这些部分组合起来。

幼儿2：用较小的木块来搭建。

幼儿3：不同的材料搭建成的部分，可以用长条的木板连接起来。

问题2：几人搭建比较合适？

有的幼儿说一个人搭建，有的幼儿说三个人搭建，有的幼儿说五个人，还有的幼儿说全班一起搭建。最终，通过实践和讨论，幼儿确定分成四组，每组选出一名幼儿做总指挥，负责分工和设计。

问题3：用什么材料、什么方法搭建港珠澳大桥才能坚固？

林俐：用积塑直接搭建在建构室的墙上，这样就会很稳固了。

王楚晴：可以用双面胶来固定。

这时，其他幼儿立刻表示双面胶粘不牢固。教师进一步追问，那应该用什么样的胶会更牢固呢？有的幼儿说用胶水。

陈泓睿：选一个平平的物体，用双面胶把大桥粘在上面。

教师再次回到最初的问题上，并提出如果不用建构室的材料，谁能想到比较坚固的材料来搭建？

陈和东：可以用砖块和胶，这样的材料就风都吹不倒了。

郭哲彬：砖块需要水泥来固定。

陈昱客：可以用乐高来搭建。

谢尔西：可以用木头。

其他幼儿表示可以选用各种形状的木头来搭建。可以用陶泥捏出港珠澳大桥的造型，再用火烧，就可以固定。

2019年6月6日星期四下午

图43 讨论细节

随后，教师就幼儿提出的几种材料进行举手表决如下：

16%的幼儿赞同用木块搭建。

23%的幼儿赞成用乐高搭建。

50%的幼儿认为用砖块搭建最为坚固。

7. 教师的感受

每个幼儿都有巨大的能量，我不断地在实践和反思中反问自己：好的幼儿园课程到底是什么样的？而在课程实践中，我又不断地印证这样的儿童形象——每一个幼儿都是独一无二的。

幼儿有自己感兴趣的事情、自己学习的速度、自己的想法和需要，在与环境的持续互动中不断发挥主体能动性，建构对自我的认知——知道我是谁、我能干什么、我还能干什么。

教师在追随幼儿的脚步中，收获满满，因此教师也应该知道自己是谁、能干什么、还能干什么？

十一、主题课例感悟

（1）幼儿的兴趣是生成课程的重要来源。有了兴趣的支持，幼儿就有了学习和探究的内在动机，生成课程也更容易推进。在活动中，我们始终追随幼儿的兴趣和需要，坚持幼儿在活动中的主体地位，引导幼儿自己去发现问题、思考问题、讨论问题、解决问题。

（2）我们发现：把玩什么、怎么玩、和谁一起玩的权利彻底还给孩子后，幼儿那种快乐的情绪与认真的态度，远比之前教师控制下的游戏要强得多。让我们惊叹的是，幼儿的游戏能力，包括同伴协商与合作的能力、解决问题的智慧和能力、不断创造新玩法的能力，以及自主与自律、专注与坚持等学习品质，整理和自理方面的良好习惯等，这些我们所追求的课程目标，在幼儿身上体现得如此充分。

（3）把"假"游戏变成"真"游戏，坚持游戏课程化。

幼儿对游戏有不同的意见且能说出各自的理由，说明他们对想玩的游戏有一定的思考。随着幼儿逐渐发现游戏与材料、场地等需求的关系，他们的游戏规则也逐步趋于合理。他们真正将生活经验运用到了解决问题之中。在幼儿自发、自主的游戏中，教师发现了幼儿巨大的学习潜力，自觉地从对幼儿的管控转向对幼儿行为的理解和欣赏，教育过程变得轻松、愉快。

大班组精品课程——"我要毕业了" 大型主题活动SHOW

一、课程背景

大班的幼儿即将升入小学，在人生第一个转折期，家长和幼儿难免会有些焦虑。因此，在幼儿园的最后一个学期，我们从社会性和学习适应性方面切入，培养幼儿的适应能力，帮助幼儿做好心理准备，顺利过渡，让他们充满自信地迈入小学生活。

大班组将课程分为两个维度。

（1）学期计划。

（2）四大常思课程：生活家、艺术家、探索家、社会家。

二、课程网络图

课程网络图，如图1所示。

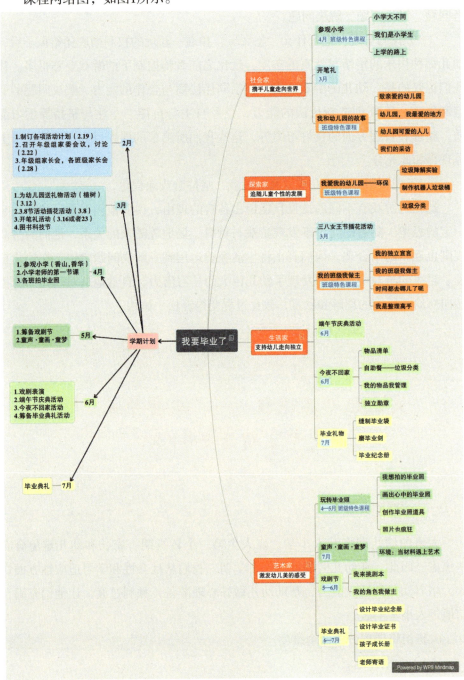

图1　大班组课程网络图

三、预设目标

1. 社会家课程目标

（1）通过参观小学、开笔礼等系列社会活动，使幼儿做好进入小学的身心准备，激发他们做一名小学生的强烈愿望。

（2）激发幼儿对幼儿园、教师和小伙伴的感激之情。

2. 探索家课程目标

（1）让幼儿在探索中认识周围的事物和现象。

（2）激发幼儿珍爱幼儿园的情感，并对小学产生向往之情。

3. 生活家课程目标

（1）培养幼儿养成良好的学习和生活习惯，增强幼儿的自我服务能力，为进入小学奠定基础。

（2）帮助幼儿了解小学生活作息，加强时间观念和任务意识；培养幼儿乐观自信的品质。

4. 艺术家课程目标

（1）通过戏剧表演等多种形式，鼓励幼儿积极参与艺术活动。

（2）在参与毕业演出等系列活动中，进一步鼓励幼儿充分表达对幼儿园的感激之情。

5. 生成课程示意图，如图2所示

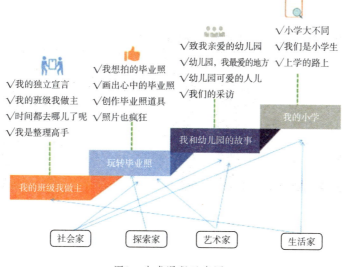

图2　生成课程示意图

四、玩转毕业照——毕业奇幻之旅

毕业照的拍摄是孩子们最期盼的，在拍摄过程中幼儿全神投入，享受拍摄过程，如图3、图4所示。

图3　幼儿园拍的毕业照

图4　小伙伴一起照

（1）想拍不一样的照片。

拍摄活动结束后，与幼儿一起欣赏照片，分享感受。

辰："我们拍了很多照片，都是摄影师教我们摆动作，我不喜欢。"

辰："我想变身，想拿着枪，穿上我的军装，照一张解放军毕业照！"

幼："我想变成有魔法的公主""变钢铁侠""变成小兔子"……

师："好，那我们就拍点不一样的毕业照！"

（2）毕业照设计，如图5、图6所示。

图5　毕业照设计图样

图6　相亲相爱造型设计

教师的思考：幼儿的毕业照设计稚嫩可爱，让教师找到了支持孩子的起点。

（3）民主投票。

菲："我们来投票吧，哪个设计选的人多，我们就拍哪个。"

结果：魔法师造型、解放军造型、盒子造型、美人鱼造型、花裙子造型、手拉手造型。

（4）魔法师们在行动，如图7至图9所示。

幼："魔法师要有一个披风，像超人一样的那种""还要有扫把和帽子"……

师："拍的时候的确需要这些道具，但最重要的是我们需要一个背景板啊。"

嘉："背景板可以用我们书包房的那块绿色的板来做，行吗？"

宇："可以用剪纸剪一些东西贴上去，如小花、蝙蝠什么的。"

图7　自己做背景图　　　　图8　认真设计　　　　图9　魔法世界里的小鸟

（5）亲子制作道具。

孩子们的激情也影响了家长们，家长也和幼儿一起行动起来了！如图10、图11所示。

图10　我的拍摄道具　　　　图11　和爸爸一起设计拍摄背景

（6）第一次拍摄欣赏。

楠："老师，能不能把我拍成在天空中飞的样子？我想飞在宇宙里，周围都是星星。"

琪："我看到电影《惊奇队长》里就是这样的，在各个星球之间飞来飞去。"

师："那我试试看能否满足你们的想法和要求。"

教师的思考：幼儿有想法，自己暂时不能实现；我们可以利用图片编辑软件，帮助幼儿实现他们的设想和创意，为他们打开一扇新的大门。让幼儿知道，只要动脑筋想办法付诸行动，梦想是可能实现的。

（7）神奇的巫师组，如图12、图13所示。

图12　我是哈利波特　　　　图13　骑扫帚的小魔法师

（8）盒子组的准备与试拍，如图14至图18所示。

昊："老师，我让爸爸找了一个大箱子，你看看能不能拍照用啊？"

图14　我们找到大盒子了　　　图15　盒子也可以做背景

图16　盒子里的毕业照（1）

图17　盒子里的毕业照（2）　　　图18　盒子里的毕业照（3）

（9）看看，多有创意！如图19至图22所示。

图19　美人鱼在海边　　　　图20　美丽的小人鱼

图21　我设计的花裙子　　　图22　和小伙伴一起去北京

教师的思考：在设计、实施、调整、优化等一系列活动中，幼儿的创意

无限，改变了教师对幼儿的既定看法。倾听、放手、支持，和幼儿一起解决问题、实现梦想。

（10）观看毕业照片后的感受。

师："你们看了自己的毕业照片，想说些什么？有什么感受？"

幼："感觉自己快毕业了，和小朋友们在一起游戏的欢乐时光，觉得特别幸福！开心！"

幼："感觉自己真的飞起来！好感动！我不想毕业啊！感觉像做梦一样，在自己梦里出现过的情景，现在都实现了。"

此次玩转毕业照的拍摄过程让我们见证了幼儿将一个个奇妙的想法付诸行动，这一次我们用最有创意、最有爱的方式，把幼儿最珍贵的童年珍藏。

大（3）班课程——我的班级我做主

一、设计意图

大班幼儿已将"常组织""常整顿""常清洁""常规范""常自律"的行为习惯内化。如何推动幼儿自我服务意识再次提升。班本课程"我的班级我做主"应运而生。它将帮助即将毕业的幼儿做好准备，快乐地进入小学。

二、小组长管理机制

（一）"我的班级我做主"课程的诞生——我的独立宣言，如图23所示

图23　谈话：说说不一样

大班刚开学，教师与幼儿的谈话——说说不一样。

师："马上就要进入小学了，你们觉得这个学期跟小、中班有什么不一样吗？"

幼："我跟爸爸妈妈分床睡了""我换牙齿了""每天晚上自己整理书包，上幼儿园"……

玥："老师，我们都长大了，小朋友每天排队，能不能让我来整队？"

幼："老师，我会唱歌。让我来带小朋友们唱歌吧。""老师，我要来闻手香香。""老师……"

教师的思考：大班幼儿对班级一日活动的每一个环节及要求，都已经非常清晰，可以放手让幼儿尝试自己管理班级的一日活动，"我的班级我做主"的课程就这样诞生了。

（二）制定小组长选拔要求，如图24所示

师："大家对担任小组长都很感兴趣，那'我的班级我做主'要怎么去开展？由谁来管理？如何去管理？"

教师的思考：把问题交给幼儿，让他们在解决问题中不断获得新的经验。

图24 制定小组长选拔要求

师："大家都想当小组长的话，怎么办呢？"

郭："我觉得我唱歌最大声，我来当领唱。"

波："不行，你自己都不遵守规则，不可以当领唱。"

熙："老师，让姐姐做领唱吧？她唱歌最好听，我们都喜欢听她唱歌。"

师："你们认为想要当领队的人，需要具备什么条件？"

幼："遵守规则；比别人做得更好；唱歌唱得好；排队排得好；洗手干净又快；喝水自觉；换衣服快……"

师："怎样做才能把小组长的工作做好？如果是小组长没做好呢？"

瑞："要把那些做得不好的人记下来；如果自己做不好，下次选小组长就不能选他了。"

（三）共同制定小组长职能分工，如图25、图26所示

图25　小组长人选要求　　　图26　小组长职能分工

结果：最终决定七个管理部门设立七名小组长。

各组长的职能分别如下：

（1）排队小组长：负责小朋友外出、回班的各种整队工作。

（2）领唱小组长：负责带领小朋友唱歌或做手指游戏，做好一日活动中各个环节之间的衔接工作以便安静地进入下一个环节。

（3）喝水小组长：负责管理每个小朋友是否都喝水，喝水的量是否够。

（4）文具图书小组长：负责协助老师准备活动材料，每次活动结束负责管理收拾整理文具、玩具材料、阅读材料等。

（5）盥洗小组长：负责维持上厕所、洗手的秩序。

（6）换衣服小组长：负责检查小朋友们户外活动回来、放学前是否有更换衣服，是否有收拾整理换下来的衣物等。

（7）洗手小组长：负责检查每一个小朋友是否洗干净、是否用了洗手液。

（四）小组长分工要求，如图27所示

（1）小组长的分工及职能要明确。

（2）小组长在各环节中要做得比别人好，而且动作快。

（3）放学前，小组长回顾分享自己的小组管理情况。

三、班级小组长选拔开始

图27　小组长们的会议

幼儿可通过自荐或他人推荐两种方式竞选，票数多的幼儿当选小组长，七

位小组长诞生，如图28至图30所示。

图28 候选小组长　　　　图29 支持我心目中的小组长　　　　图30 当选小组长

四、小组长管理班级的风采

（1）领唱小组长：带领小朋友唱歌或做手指游戏；做好一日活动中各个环节之间的衔接工作，如图31、图32所示。

图31 跟领唱小组长唱歌　　　　图32 跟领唱小组长做手指游戏

（2）排队小组长：整理队伍；清晰的队列口号；精神抖擞，如图33、图34所示。不得不赞叹孩子们的确很有眼光，选了班上最有体育天赋的小郭，他也是幼儿园足球队的队员。

图33 排队小组长示范站姿　　　　图34 整理队伍

125

（3）洗手小组长：仔细检查每一个小朋友的手是否洗干净了，不光用眼睛，还要用自己的鼻子；为了能够行使好自己的职责，可没少动脑筋呀，如图35所示。

图35　检查小手洗干净了吗？

（4）文具图书小组长：协助老师准备活动材料，收拾整理文具、玩具材料、阅读材料，如图36至图38所示。

图36　课前准备　　　　　图37　图书准备　　　　　图38　讲故事前准备

（5）喝水小组长：管理每位小朋友的喝水情况；盥洗小组长正在维持上厕所、洗手的秩序，如图39、图40所示。

图39　提醒小伙伴多接一些水　　　　图40　洗手一定要认真哦

五、参与班级管理幼儿的下一步计划

参与班级管理的幼儿制定下一步行动计划，如图41至图44所示。

（1）在小组长管理班级的过程中，和幼儿继续探讨完善班级管理机制。

（2）将班级管理的经验延伸到自己的时间管理中。

（3）将班级管理的经验延伸到自己的生活管理中。

（4）将班级管理的经验带回家，达到家园同步。

图41　时间管理墙

图42　小组长的记录本

图43　家园配合

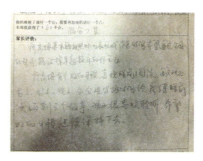

图44　家长评价

大（2）班课程——我要上小学

在开学初的家长会上，家长认为应让幼儿学写汉字、数字，学拼音及10以内数的加减法，如图45所示。可是，幼儿们到底是怎么想的呢？有哪些担忧？如图46所示。教师可以真正为他们做些什么呢？

于是，从"我要上小学"的晨谈开始，倾听幼儿的心声，慢慢地将"我要上小学"这一话题融入课程，帮助幼儿做好幼升小的心理过渡。

图45　家长会上的讨论

图46　孩子们的讨论

教师和幼儿拟定了五个讨论话题。

小学教师、小学生、上学的路上、学习事件、家长对孩子的支持（表1）。

表1　不同视角对小学认知调查表

重要问题视角	成人视角	孩子视角
对入学准备的认识	学业适应	遵守规则、交朋友、学习、校服、红领巾、铃声、举手上厕所、游戏、上课
对上小学的态度	认为期待、向往是孩子应该有的情感态度	存在消极情绪，如老师的严格要求、对小学教育的害怕、对认识新朋友和适应新环境表现出的担心
在入学准备中，各自的期许	想要知道更多的有关入学准备的信息，很想参与到入学准备活动中来，顺其自然	在入学准备中得到家长和教师的帮助，希望自己现有的能力被认可

活动一：幼儿眼中小学教师与幼儿园教师的异同（表2）

表2　幼儿眼中小学教师与幼儿园教师的异同

序号	小学教师	幼儿园教师
1	更严格、更凶	比较温柔
2	小朋友做错作业就要挨打，迟到了会被骂	幼儿园教师就不会骂
3	会罚站（没系红领巾、没写作业、上课说话等）	会坐乖乖椅、安静休息、不能玩游戏
4	上课时不可以上厕所、喝水	允许
5	布置很多作业、考试、批改卷子	不用
6	教数学、学英语、认字	教我们做很多事情，如画画、做劳动
7	上完课就走了	一直在教室
8	要自己做	帮我们系鞋带、脱衣服、梳头发

　　教师的思考：多数幼儿认为小学教师比幼儿园教师更严格；认为小学教师的知识面更广；不会事事关注，主要工作是教学。幼儿关注到的这些方面正反映出他们对小学教师的期望。幼儿对小学教师的认知都是从周围人口中听到的，并没有自己走进小学了解过。

图47　参观小学

　　走进小学校园实地探究——到底小学教师是怎样的？如图47所示。

　　参观了两所小学后，用画笔描述感受，如图48、图49所示。

图48　小学教师和孩子们一起跳绳，大家都带着微笑，心情愉快

图49　小朋友参观时，恰好看到小学老师在教室外批评一名犯错误的男孩

　　讨论结果：大部分幼儿表示喜欢"中温中严"甚至是"严格"的教师，并表示理解教师的严格，因为这种严格是为了让自己变得更好。

　　教师反思：通过实地参观，大大改变了幼儿对小学教师的原有认识，觉得小学教师也不是那么可怕，反而也很可爱。

　　幼儿眼中的小学生（见表3）：

表3　幼儿眼中的小学生调查表

想法	原因
想成为小学生	学更多知识、更多本领；可以写作业；自己的事情自己做，不用大人帮忙；代表自己长大了，变聪明了；可以当别人的大哥；可以考100分，幼儿园只有贴纸；认识很多好朋友……
不想成为小学生	老师太严格，一大声说话我就会紧张；那里没有我的小伙伴，我谁都不认识；害怕被同学欺负，我舍不得离开幼儿园，一说毕业就哭了……

教师的思考：大部分幼儿还是喜欢上小学的，但对遇到的新朋友有期许也有担心。对此，组织"我的新同学"谈话活动，让幼儿学会和新同学相处，激发他们对未来小伙伴的期望。

活动二：上学的路上

活动由来：在参观小学活动回来的分享当中，有的幼儿因为没有参观到自己即将就读的小学，有些遗憾；而有的幼儿因为上学的路上有家甜品店而感到很开心；有的幼儿觉得上小学比上幼儿园的路程还要近很多。

1. 统计、调查——我们都要去哪儿上小学

通过班级微信群的调查，我们进行了每个幼儿就读学校的统计，结果显示，全班幼儿一共将分散到18所小学中去。

幼儿利用周末和爸爸妈妈一起去拍照并与大家分享，如图50、图51所示。

图50 我即将入读的小学　　　　图51 我的小学

休息时间，幼儿拿着照片交流讨论自己的小学，继续聊着上学路上的"精彩"故事，如图52、图53所示。

图52 去小学路上的故事　　　图53 我的上学路上的故事

向老师提议，制作一幅长卷画把上学的路线地图画下来，如图54、图55所示。

图54 画下心中的小学　　　图55 看看小伙伴们去哪个学校

当幼儿围绕着自己的小学画出上学路径后，经常凑过来看看我的又瞧瞧你的，不但找到了自己的同校同学，也缓解了他们感受到的对去学校路上的紧张，如图56所示。

图56 幼儿画的小学校

大（5）班课程——我爱我的幼儿园之环保小卫士

一、课程背景

上海卫视的极限挑战2019年第一期的主题就是垃圾分类，这践行着这样的信念，教育者也可以为之献一份力。在幼儿园阶段，能够给予幼儿的是：将环保的种子撒下，期待发芽。

二、课程阶段

（一）台风过后，垃圾去哪儿呢？

2017年8月的一天，台风"山竹"在短短几小时给珠海带来很大的危害，同时，也产生了许多垃圾，如图57所示。

台风之后我们都意识到环境的重要性，环境需要每一个人去爱护。借助这样的教育契机，班级开始开展关于环保的探索家课程。

图57　台风过后的幼儿园

晨间谈话，幼儿对于台风的所见所闻发言踊跃，对台风造成的危害了解较多，而对台风之后的如何恢复很少提及。

教师和幼儿讨论：台风过后，会在上学路上见到很多垃圾吗？

幼："垃圾被环卫工人清理了，被大车运走了，被雨水带走了……"

幼儿还是不能清晰地了解台风之后，垃圾到底是怎么处理的。

为此，教师和幼儿就台风后垃圾怎么处理组织了一次讨论。这不仅让幼儿了解了台风过后的清障及重建工作，还令其对垃圾分类有了初步认识，如图58、图59所示。

图58　垃圾去哪儿了

图59　垃圾分类

幼儿了解了处理垃圾的主要方法有填埋和焚烧，也知道了简单的填埋和焚烧同样会造成环境污染。设计合理的垃圾填埋场才可以有效减少环境污染。

（二）垃圾处理后最终回到哪里

教师和幼儿一起将垃圾分别放在土里、水里、酸里开始降解实验，并且观察记录。经过了几个星期的观察，幼儿积累了很多观察记录。

但是幼儿又有了新的疑问：为什么每个物品的降解时间不同呢？

结论：垃圾是不同的，有的容易腐烂，有的却很难。

1. 垃圾怎样分类

幼儿了解垃圾降解后，掀起了一股爱护环境的环保热潮，每天在扔垃圾的时候幼儿都会问是否可回收，教师抓住教育契机，讨论怎么分类。

幼儿在幼儿园找寻了各种各样的垃圾，有树叶、石头、花草、塑胶、纸巾，玻璃等，如图60、图61所示。

图60　树叶垃圾　　　　　图61　大自然垃圾

2. 什么是垃圾

幼："地上的脏东西、扔掉的东西、坏掉的东西就是垃圾，是人们不用的东西。"

师："垃圾就是废弃无用或肮脏破烂之物。"

3. 垃圾怎么产生的

幼："树叶、石头、花草、死掉的动物、粑粑……"

师："说得很对，粑粑也是垃圾，并且会回到大自然中去。"

幼："纸巾、玻璃、塑料袋……"

4. 可回收和不可回收的垃圾

幼："可回收的有纸类（报纸、包装纸、办公用纸、广告纸片、纸盒等）、塑胶（塑料袋、塑胶瓶、泡沫塑料、一次性塑胶餐盒餐具、硬塑胶等）、金属（易拉罐、铁皮罐头盒、铅皮牙膏皮等）、玻璃（有色和无色废玻璃制品）、织物（旧纺织衣物和纺织制品）。"

幼："不可回收垃圾有果皮、菜叶、剩菜剩饭、花草树枝树叶等，还有就是有害的、有污染的以及不能进行二次分解再造的都是不可回收垃圾。"

教师思考：幼儿经过分类垃圾得出结论——垃圾乱丢是垃圾，垃圾分类是资源，分类垃圾可以节约资源。

幼儿设计了可回收和不可回收的标志，并且贴在了班级两个垃圾桶的上方，清晰明了，如图62、图63所示。

图62 设计垃圾桶　　　　图63 分类垃圾桶

幼儿发现这两类标签很难满足所有垃圾的分类，怎么办？

教师鼓励幼儿在上学的路上观察路边的垃圾桶是怎么分类垃圾的。

第二天，很多幼儿发现垃圾桶分类不止两种，还包括厨余垃圾桶、有害垃圾桶、玻璃专用垃圾桶。

（三）制作垃圾桶

班级上的垃圾桶虽然进行了分类，但是也不能满足需求。班级没有厨余垃圾桶、有害垃圾桶。

幼儿决定自己制作。首先，设计垃圾桶，画图纸如图64所示；然后自己寻找材料，和家长一起制作，有的孩子在幼儿园和小朋友一起完成。对此，家长给予了大力支持。

图64 在家设计垃圾桶

1. 垃圾桶设计图，如图65至图68所示

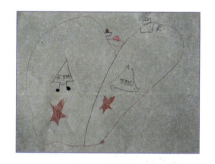

图65 垃圾设计图（1）

图66 垃圾设计图（2）

图67 卡通垃圾桶设计图

图68 防水垃圾桶设计图

经过了一个星期的制作，陆陆续续有作品呈现了。

2. 分享作品

幼儿分享自己的作品，如图69、图70所示。

图69 自制垃圾桶展示

图70 投票

经过投票，选出两个最实用的垃圾桶，放在班级使用。

幼儿在使用垃圾桶的过程中可以提出建议和修改。最终，赵俊丞小朋友设计的垃圾机器人和陈薏童小朋友设计的垃圾桶获胜，在班级开始使用了。

（四）垃圾桶使用情况以及问题解决方案

班级垃圾桶投放使用了四天，到星期五的时候，垃圾桶的有害垃圾盒子已经烂掉了，底面已经湿水并烂掉，无法继续使用，如图71、图72所示。孩子们将机器人垃圾桶丢进垃圾房，同时观察幼儿园的垃圾桶是什么材质的。

图71 自制垃圾桶坏了

图72 检查原因

讨论小结：纸箱不耐用，没有垃圾袋，所以一些厨余垃圾放进去就会容易湿。

于是，使用陈薏童设计的垃圾桶时，童童增设垃圾袋，并且用夹子把它固定住，她还找了一个伙伴大龙和她一起管理垃圾桶。每天放学前，她会将班级垃圾分类，扔到幼儿园的垃圾桶里，并且换上新垃圾袋，如图73至图75所示。使用到第三天，垃圾桶的隔断断了，两个分类桶现在变成了一个格子，她对垃圾桶进行调整后，如图76所示，将有害垃圾桶取消了，因为在班级很少有有害垃圾。第二个垃圾桶在使用了两个星期后也逃不过被扔掉的命运。

图73　换上新的垃圾袋

图74　分类垃圾桶

图75　垃圾袋装满了

图76　调整垃圾桶

（五）送给幼儿园的毕业礼物——机器人垃圾桶（成果）

1. 师生调整

教师和幼儿一起商议调整计划，尽量契合幼儿的设计蓝图，如图77所示。

图77　变形金刚垃圾桶设计图

2. 家园合作

借助家长的力量来支持幼儿，垃圾桶的最大问题就是材质，通过和家长沟通，做好预算，家长帮助幼儿一起去寻找更合适的制作材料，然后寻找可以将垃圾桶制作出来的商家。

3. 社会资源

调动社会资源帮助幼儿实现愿望，制作好的垃圾桶逐步推广，以点带面，将环保的理念深入人心。

大（2）班生成课程——我的教室我做主

新班级新面貌，教师商量应给班级幼儿打造一个怎样的班级环境与区域环境。

师A："既然学习环境的创设是为了'幼儿的使用'，我们能不能大胆放手，让幼儿自己来设计和打造他们想要的环境呢？"

师B："幼儿是环境的主人，但感觉会有点难度。"

师C："幼儿在中班积累了丰富的经验，动手能力也不错，我们可以试试。"

三位老师的想法达成一致——把教室交给幼儿，并从班级区域开始放权给幼儿。于是，幼儿的设计开始了。

一、我的区域我做主

1. 分组讨论：我们想要什么区域？如图78至图81所示

图78　幼儿分组划分想要的区域

图79　每小组有一个记录员做记录

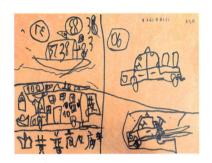

图80　幼儿记录的区域与材料　　　　图81　每一个格子一个区域

最后经过幼儿审议投票，决定开设以下几大区：装扮区、下棋区、生活区、玩具区、乐器区、艺术区、阅读区。

2. 讨论需添加和更换的区域材料，如图82、图83所示

玩具区：我们想要车车、拼图。木头车车都坏了，我们想要一些别的车。

乐器区：我们需要鼓、没有沙的锥。

下棋区：我们需要一些棋子（飞行棋、五子棋），还想要拼图。

图82　幼儿小组讨论区域材料　　　　图83　把需要的材料记录下来

3. 制订采购计划，如图84、图85所示

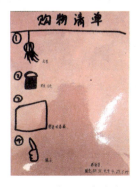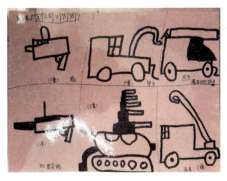

图84　幼儿采购清单　　　　图85　需要采购的材料

139

4.分组采购大行动，如图86、图87所示

图86 幼儿按购物清单采购　　　图87 幼儿自己分小组采购

将区域环境的创设，开发和利用为有价值的课程资源，充分发挥幼儿的主体作用，让幼儿成为区域活动的主人。

二、我的墙面我做主

看到了幼儿在区域材料审议中的主动性，教师决定将班级墙面也交给幼儿自己来设计，如图88至图92所示。

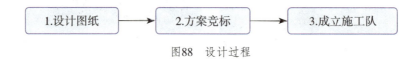

图88 设计过程

图89 商量方案　　　　图90 方案竞标成立施工队

图91 施工过程（1）

师："袋子谁来负责？"

杨洁："我奶奶会缝衣服，肯定也会缝袋子，让我奶奶做吧。"

泓睿："我妈妈也会缝，缝得很好看的。"

恩恩、可可："我妈妈也会。"

四个孩子争论不休，希望和家人一起完成袋子。

图92　与保育老师商量方案

师："有争议了怎么办？"

可可："那就投票吧。我要做的袋子上有猫咪，还有一些小花。"

杨洁："我想做梅花袋，袋子上面有亮片。"

泓睿："我要用大红色做一个国旗袋，上面还有五颗星星，很漂亮的。"

经过自荐和投票竞选，大家选出了值日生袋的负责人和具体方案，并马上回家投入制作中，如图93至图98所示。

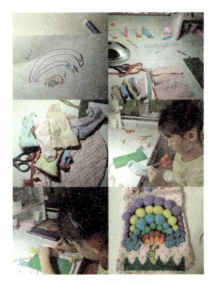

图93　寻找材料

图94　自己缝、剪

图95　施工过程（2）

141

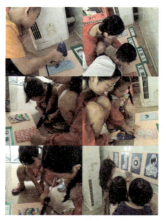

图96　商讨上墙　　　　　　　图97　与教师一同布置

图98　值日生墙完工

　　选择地点→提出方案→反复测量→确定可行→方案竞标→选总工程师→确定队员及人员分工→寻找并制作材料→尝试排版及装饰→与家长合力动手完成，如图99至图106所示。

图99　一日时间墙面　　　　　图100　幼儿设计完成

图101 放学时间家长进班帮忙

图102 与幼儿合作

图103 家园配合

图104 向老师们介绍环境

图105 我的教室我知道

图106 开心采购结束与
家长助教合影

三、教师感悟

大家都说，幼儿园环境既是一种隐性的教育资源，又是一种隐性的课程。让幼儿在主题环创的互动中学习，能更有效地促进幼儿发展。我们之前也总是以成人的眼光代替幼儿的眼光来布置环境，很难起到良好的教育效果。在这次的大胆尝试中，幼儿通过自荐、推选、竞标、投票来展示自己，争取为班级服务的机会。在整个过程中，幼儿为班级服务的动力有增无减。教师也给幼儿创造条件，为他们提供支持。周围的一切材料都是为幼儿服务的，幼儿在教室里、幼儿园里、家里寻找着支持他们想法的材料，对身边的材料进行再利用。而家长也成为主题环境创设活动的回应者、支持者和帮助者。人人动手，齐心协力使用多种材料来布置环境，体现了"幼儿在前，教师在后，我的环境我做主"的理念。

以上是大班组班级开展的精品课程，各班教师将园本、级组主题相互融合，生成班本课程，将课程意识贯穿始终。教师在日常活动中，找到课程切入点，明确目标，支持幼儿，将活动继续发展的主动权交给幼儿，将思考的权利也还给幼儿。

下 篇

课程领导力
提升的途径

课程领导是课程实践的一种方式，是指引、统领课程改革、课程开发、课程实验和课程评价等活动的行动总称。它的目的是影响课程改革与开发的过程和结果，实现课程改革与开发的目标。

　　本章重点阐述了幼儿园如何引领教职工正确理解课程建设的意义，通过多形式的教研活动把培养人、发展人、塑造人作为课程建设的主要价值来审视，帮助教职工准确把握办学目标和培养目标，用正确的世界观、教育观和人才观来统领课程建设。

　　通过多渠道的课程审议，引领教职工从幼儿园的实际出发，挖掘教育教学资源，并对课程实施的过程、方法与结果以及影响因素进行客观合理的评价；以丰富课程建设的内容，拓展课程建设的视角，使课程开发成为教师和幼儿共同成长的推动力。

　　课程是园所教育的载体，反映了园所文化的个性，课程的质量决定着学校的教育质量。只有着眼于课程领域的改革，才能突破园所发展的瓶颈，创新学校课程，实现园所文化建设的新的价值。而这正是园所课程领导力的目标所在。

第三章 多形式园本教研促进课程质量提升

香洲教育幼儿园在课程建构的过程当中，在不同的研究时期，会遇到各种不同的实际问题，如观察视角定位困难、游戏行为不会分析和判断、对于促进幼儿深度学习不知应如何持续开展等。这些问题的出现制约了课程的质量提升和建构速度。因此，我们采用了多种形式的园本教研。它是以促进幼儿全面发展和教师专业进步为目的，以课程实施过程和教育教学过程中教师所面对的各种具体的教育教学问题为对象，以教师为教研主体，以园为本的实践性活动。其主要目的是切实提高全体教师的专业素质，增强教师的课程实践能力。

录像式教研——帮助教师发现真问题

在常规教研活动中，研讨的案例经常由教师以文字形式进行记录，而案例中教师的评价带有片面性及指向性，因此对幼儿的分析结果也会缺乏科学性。基于这样的发现，我们改革了教研模式，尝试利用多媒体，以直观的、生动的、形象的录像教研活动代替传统教研活动。

一、录像教研优势明显

1. 不受时间、空间限制，分析直观准确

录像教研可以随时随地播放与观看幼儿不同时期的活动情况并进行研究与反思，以更好地发现幼儿自身的特质、存在的问题以及需要怎样地支持等；观察内容直观、清晰、真实，能够很好地避免主观判断的发生，帮助教师准确分析。

2. 更具针对性，帮助回忆细节

录像具有回放功能，可帮助教师观察幼儿角色意识、行为、认知等诸多细节表现更好的场景。教师也可自己录像、自己使用，用于调整自己的教学行为并进行观察判断和自我剖析。

3. 可满足教研现场的实际需求，更好地为教研服务

目标明确、活动案例典型、内容灵活、过程可以重现，就如解剖麻雀一般，研究的层次更加深入，大家可以反复看，或放慢速度，依据影像事实，更好地进行研究。

二、录像教研的实施方式

录像教研前期准备，如图1所示。

班级教师对幼儿活动状况进行扫描、定点、跟踪录像；再细致梳理录像中值得研讨的素材，各班级教师进行交流后生成重点关注内容，提交年级组；年级组梳理并生成共性研讨内容，各班依据年级组共性研讨内容进行素材提炼后参加级组教研。

图1　做好录像教研小贴士

1. 明确教研目的，筛选活动案例

明确教研目的是做好录像教研的第一步。目标明确才能准确地选取录像片段，有效地组织教研过程。根据教研的目的，无论是诊断、学习、研讨还是自我剖析，都要大范围地、精确地选择活动实例。

2. 确定研讨方向，做好前期梳理

根据教研目的，确定具体的教研内容，提高教研的预见性、针对性和有效性。根据教研内容，无论是整个活动的教研、环节教研、微镜头教研还是模拟教研，都要设计有针对性的观察量表，提出观看后需要研讨的问题。

3. 选取教研录像，做好素材节选

选取教研录像是教研过程中的关键一步。既可以选择日常随机拍摄的录像，也可以根据教研的目的和内容提前制作，要注意录像的代表性。

4. 小组、集体讨论相结合，鼓励发表见解

根据事先确定的研讨形式开展集体研讨。各小组观察研讨后提交问题，确定小组观察的难点和有待解决的困惑。在集体研讨中，围绕事先确定的教研目标和内容进行发言，要有专人做好讨论记录。研讨中最可贵的是不同见解，要鼓励争论，可以通过回放录像进行论证。

三、实例分享

小班年龄段自主游戏中教师介入策略录像教研实录

录像教研时间：2016 年 4 月 17 日晚上 6：00。

参加人员：苏颖、白慧莉、杨霞、陈茵芷、万英、刘蔓萱、谢晓丽、谢璐仪。

（一）成员游戏

全体成员通过游戏"打蚊子"热身，感受活跃轻松的氛围，如图2所示。

图2　感受游戏氛围

（二）观看录像片段一并研讨，如图3所示

（1）主持人播放小（1）班提供视频并提出问题：幼儿一边切食物一边收钱是否符合卫生标准？当教师见到幼儿一边煎食物一边收钱时，需要调整吗？可以怎样调整？

视频描述：两个幼儿在生活区切山楂、切苹果，挺热闹的，有很多幼儿拿着购物券来买水果，将钱直接给到正在切水果的幼儿，切水果的幼儿就顺手拿起苹果"卖"给

图3　问题讨论

他，副班谢晓丽老师没有介入，主班白慧莉老师过来直接就跟小朋友提示了一下不要用手直接拿水果吃，要用其他什么东西取来吃。

苏颖老师："两个小朋友切的是山楂和苹果，都是食物，同时又兼卖东西是否合理？在这个过程中，到底是提供食物好还是提供其他的物品好？值得思考。"

万英老师："真游戏，可以用真食物，既然是来真的，对它的卫生上要求就要严格。而货币本身就会带有许多细菌，肯定不卫生。但老师不用直接介入，可以充当卫生巡查员，提醒店主：'哎，你这个店的卫生好像不太过关哦！'建议增加一个收银员的工作，那么角色就多样了，游戏就更好玩了，也不会因为老师生硬地介入而打消幼儿的积极性。"

杨霞老师："可提供道具（箱子），钱直接投进箱子去。老板不用碰钱，找零也是自己拿。如果是这样老师介不介入都没关系，作为老师可以在回顾的时候把问题提出来，激发小朋友们自己想办法解决。"

白慧莉老师："我们活动结束后，也打算尝试和孩子们进行回顾，讨论这个问题。"

刘蔓萱老师："对于回顾，我觉得可以把这段录像回放，跟孩子一起讨论里面出现的问题，或问孩子们：'当他拿着钱去购买水果的时候，你们觉得卫不卫生？'把这个问题交给孩子，让他们来解决，那么孩子肯定有他们自己的想法，这样也能真正意义上让孩子自主游戏、自主解决问题。"

谢晓丽老师："我们也考虑过，就是在餐厅或者小厨房里面通过一些引导让他们进一步进入角色的分类，他们现在就是厨师和服务员会混乱，切完菜了又去当服务员，然后收钱的也会又拿钱又拿食物，我们也有讨论过。接下来我们要做的就是把角色分类更明确一点。"

形成指导策略一：现场介入有可能干预幼儿游戏的连续性，可以采取回顾的形式，把问题还给孩子，相信他们能够找到解决办法。

白慧莉老师："提出第二个疑问，由于提供了真实物品，孩子们年龄小，虽然知道自己是什么角色，但在游戏过程中很容易控制不住自己，看见吃的都想去吃，出现角色混乱怎么办？"

黄毅华老师："这是孩子经验积累的过程，我们在游戏的过程中要不断强调角色意识，慢慢就会好了。记得我班幼儿在娃娃家做爸爸的时候，就把娃娃放在地上！东西撒一地，如果我们也不去提示，可能他就一直处于这样的水平。但如果把问题提炼出来，想办法引导，他就逐步积累这方面的经验，就会有提升。所以我觉得当时没有介入可能也没有关系，过后及时发现问题再去调整也是可以的。"

形成指导策略二：幼儿在游戏中存在或多或少的问题，大多数情况是因为幼儿的自身经验积累不够，教师多给予幼儿尝试的机会，当经验积累到一定程度后，便会内化到幼儿的行动中。

苏颖老师："如果老师在现场就能马上解决，为什么要等到最后去解决呢？虽然在现场解决可能提高了对老师的要求，但是这也是老师在潜移默化中对幼儿的帮助和影响，我们也应该思考。"

万英老师："更重要的就是老师要思考：我是作为一个平行的参与者还是指导者；我要处于一种什么样的状态去参加孩子们的活动。"

苏颖老师："是的，在游戏过程中老师是处于一个什么样的位置？你对自己的这种定位是怎么看的？"

形成指导策略三：经验问题的确是制约孩子发展或者是很多行为问题的根源，但是既然已经发现有问题存在，就可以抓住介入的时效性，以合适的身份去解决问题。

（2）观看小（2）班视频片段，研讨如何解决孩子重复进一个区的问题。

主持人："小（2）班提出孩子总是进一个区，是不是会有点限制孩子的全面发展？在自主游戏活动前，教师会采取一些形式跟孩子沟通。这种沟通是否每次都需要；而且，这种沟通会不会占用了孩子更充分自主活动的时间？"

苏颖老师："上次教研时设计了一个表格，杨霞给大家都发了。"

白慧莉老师："已经用了，但这个表格还是给我们大人看的。"

苏颖老师："要不要把一个表格变大，让每个孩子都有机会去记录，比如说盖章、画圈，这样孩子自己会很清楚。"

苏颖老师："老师需要思考真实的原因。举个案例：我们班手工区一直人不是很多，后来发现问题后，我们提供了支持，如材料层次性增强，提供了图片，有直接纸折的，还有一些手工需要用到棍子的，墙面增加了作品展示，分享时，让孩子们上来介绍等。这个区的人员就开始增多了。"

形成指导策略一：每个区都有其价值，关键在于如何引导幼儿去参与和发现，成就感是一种很好的动力，因此在活动中要充分激发幼儿的成就意识。

黄毅华老师："可以借助录像或者拍照，把孩子的游戏状态通过录像或者

拍照的形式记录下来后，分享到美工区，让同伴们看到他们的作品是什么样子的，角色区他们又玩了什么好玩的游戏。这种直观刺激也是一种方式。对于表格我觉得还是有点局限，好像这个星期我必须要去玩。"

苏颖老师："表格并不是让孩子一定要去某个区，而是给孩子提示，自己还有哪里没去。对老师也是一个提醒；如果一个孩子始终都是去这个区，老师也可以寻找原因。"

万英老师："是的，可以方便老师做深入了解。我觉得这个是需要的。"

形成指导策略二：幼儿重复进一个区的现象的确存在。但更重要的是，教师用合适的方式去记录这种现象，以此作为教师在游戏活动中的参考，并用来反馈幼儿做计划的情况。

（3）观看小（4）班视频片段研讨——在自主游戏中如何帮助幼儿有效地、更深入地游戏。

那么，接下来关于小（4）班的问题，它们是根据所有的班级提出来的：在自主游戏中如何帮助幼儿有效地、更深入地游戏。这个有点宽泛，大家都畅所欲言。

杨霞老师："从图书角实际例子来看，孩子玩得很投入时，老师的介入很突然。但是并没有给孩子带去多少帮助。要有效地帮助孩子的游戏，有需要就介入，没有需要就不用，可以更加巧妙地介入。"

主持人："这要基于对孩子的了解才行。在教育中，老师切不可很主观地去定论很多东西，每个人的做法都有自己的原因，孩子也一样。"

杨霞老师："老师们的观念已经在转变了，但是行为上还没有完善，不是不能介入，而是需要先观察、了解再做决定，结合重复进一个区的情况，其实孩子们是在发展的。"

刘蔓萱老师："介入不合时宜可能会中断孩子的发展。举例班级建构区发生的情况：先观察后并没有介入，而是给予孩子自己发现的机会。"

形成指导策略一：无论幼儿的游戏水平处于什么阶段，教师要了解他们真实的想法才可真正理解幼儿行为背后的原因，才能更有针对性地进行指导。

苏颖老师："介入如何更有效呢？策略很重要。与幼儿保持一样的高度，如身高的高度、游戏水平的高度等，更好地互动。认可幼儿说的话，鼓励幼儿延伸游戏。同时问少量的问题，参与幼儿游戏，鼓励幼儿解决问题。在解决冲突时，态度中立，认可孩子的感受。把问题还给孩子，准备好给予孩子进一步的支持。"

　　形成指导策略二：介入幼儿活动过程时，教师应注意介入的策略，做到平等、鼓励、认可、支持，并提升有效性。

　　通过录像教研的形式，教师更加科学地观察幼儿，切入点也更为准确。在找到真问题的同时快速形成多种有效策略，高效地推动了自主游戏活动中幼儿经验的提升和成长，同时教师感受到了专业成长、实现自身价值的乐趣。

世界咖啡式园本教研——集全体智慧解决实际困惑

　　近两年来，世界咖啡式谈判作为一种新型培训模式已被中国大多数教育培训机构所接受和应用。因此，在园本教研中，我们积极借鉴、大胆优化世界咖啡会谈方式，以提高香洲教育幼儿园教师园本教研的实效性。

　　在园本教研中，我们借鉴世界咖啡会谈研讨进行了有效的实践：制订计划—确定时间—参加人员（全体教师）—确定会谈主持人（行政班子或年级组长）—准备（提前布置温馨场地等）—设计会谈主题—分享会谈成果。就这样世界咖啡式园本教研就诞生了。

　　我们将世界咖啡研讨流程优化为以下几个环节。

　　第一时段：破冰游戏，教师自由分组，如图1所示。

　　第二时段：小组成员讨论问题，记录员记录，如图2所示。

图1　第一时段，破冰游戏，教师　　　图2　第二时段，小组成员讨论问题，
　　　自由分组　　　　　　　　　　　　　　　记录员记录

讨论，生成自己小组组名，记录小组成员观点和解决问题的方案。

第三时段：小蜜蜂采蜜游戏，组员轮流，如图3所示。

第四时段：修正推敲各自的观点，最终梳理到不同的小组，补充、提升自己的观点成文稿，如图4所示。

图3　第三时段，小蜜蜂采蜜　　图4　第四时段，修正推敲各自的观
　　　　游戏，组员轮流　　　　　　　　点，最终梳理到不同的小组，补
　　　　　　　　　　　　　　　　　　　充、提升自己的观点成文稿

第五时段：分享会谈成果。其他成员也可以有新的补充意见。

第六时段：主持人对研讨主题的结果进行总结提炼，如图5至图9所示。

图5　常思课程现状　　　　　　　图6　常思课程的突破

图7　常思课程的历史沿革

世界咖啡研讨形式让教师在园本教研中各抒己见，为教师营造一个宽松的研讨氛围，打破年段的单一主题研讨，整合了全体教师的集体智慧来解决工作中的实际问题，为教师的一线需求提供丰富的资源，有效地促进了教师间取长补短、互相借鉴学习，不仅提高了个人参与研讨的积极性，还让教师面对共同教育困惑时集思广益，碰撞出更绚丽的火花，教研形式的多样化让教师从多角度、多方面获得更多的有益经验。

图8　主题研讨（1）　　　　　　图9　主题研讨（2）

几年来，香洲教育幼儿园借鉴世界咖啡研讨模式，有效提高了幼儿园培训和幼儿园教学科研的质量，从而进一步加快了教师专业成长的步伐。由此教师的专业成长也取得了飞跃，如观察敏感度、分析问题和解决问题的能力及组织区域性活动的能力都有了很大的提高，教师的研究氛围也逐渐形成。可以说世界咖啡式园本教研是一个形式新、效率高且受欢迎的研讨模式。

课程审议式教研——让幼儿真正成为活动的主人

随着幼儿园课程的园本化，常思课程建设也在不断发展，如何提升我们的教育质量？如何更好地对课程有一个系统的诠释？这些问题使得我们意识到需要通过一种新型教研形式来集众人的智慧。因此，课程审议也就应运而生，并逐渐成为香洲教育幼儿园工作的日常。

课程审议式教研就是聚焦课程的过程，通过集体智慧对课程中的问题进行

深入探讨，寻找实际问题，商议解决方案的过程。

在香洲教育幼儿园，课程审议教研的开展为螺旋上升式的过程。它遵循以班级为基本单位的审议，重点进行对当天活动过程的梳理、对幼儿的理解、教师的交流以及为第二天的活动做提前准备；年级组阶段性审议，重点解决班本课程实施过程中的共性问题，提炼好的素材建构课程；园级以教研为引领，重点解决一定时期建构课程存在的方向性问题，以期为下一阶段的建构指明方向；再回归级组课程审议，最后落实到班级课程再审议。

以幼儿园为大的教研单位，年级组为小的教研单位，针对实际问题摸索出多种形式的园本教研模式，将着眼点放在班级日常活动和课程建构实施中教师所遇到的实际问题上，理论与实际相结合，把切入点放在教师教学方式和学生学习方式的转变上，生长点放在促进幼儿发展和教师自我提升上。在全面实施的基础上，深度推进园本课程改革，促进质量提升。

实例精选：

第一步：通过全园审议式教研——《园本常思畅想曲》厘清课程理论基础，发掘建构中存在的问题

环节一：梳理以往课程走过的路径，解读目前的课程并进行梳理，加深教职工对香洲教育幼儿园现有常思课程的认识，如图1所示。

图1　教师学习中

环节二：以每个班级为代表分享目前常思课程开展的经验与收获。

环节三：各部门派代表畅谈课程的日后走向。

自下而上、各个部门畅谈对以往形成的课程的理解，帮助我们对以往的课程内涵进行了更好的诠释和补充；同时通过这种参与式的讨论，每

图2　记录和问题分析

个教职工都处在亢奋之中，积极性很强。更可贵的是，这一举措不仅更好地帮助教职工再一次清晰了解了自己的园本课程，而且发现了一些实施当中存在的问题。例如，课程实施应该具体从何入手，如何把好课程质量关，到底怎样的课程才是高质量的课程，等等，这些问题引起了我们的思索，如图2所示。

第二步：行政领导跟岗型课程审议提升工作时效

我们将每个学期的第一个月定为行政领导跟岗月，所有行政下沉到一线班级坐班，实际了解教师在课程实施过程中存在的困难、需要的帮助、发现的问题等，如图3、图4所示。

图3　跟岗调研中

图4　与幼儿互动

将每天下午放学后的半小时定为课程审议时间。审议的内容大致会从"你发现幼儿的兴趣点在哪里、你有哪些收获、你觉得课程的实施过程还需要进行哪些调整"这几个方面来进行。

教师相互交流，从不同的角度来分析当天的收获和发现，园领导在聆听的过程中帮助教师梳理课程建设中的优势面和不足之处，及时地反馈便于教师当时就进行调整，同时更加有效地生成第二天对幼儿活动的支持，如图5所示。

图5　教师相互交流

第三步：年级组课程审议，引发新思考

这里要把年级组是如何进行课程审议的简单地介绍一下；在审议中，大家解决了一些什么样的问题，也就是说说采用这种方式的好的地方。

同时也发现了一些问题，如图6所示。各

图6　前期级组课程审议

班在把本班课程拿到级组课程审议上来时发现，级组课程五花八门，每个班级都在做自己的课程，级组教研很难解决共性问题；而且，教师对别的班的课程都不了解，无法判断对方课程审议是否有时效性。基于存在的问题，我们又开展了新一轮的园级课程审议。

第四步：园级课程审议——聚焦课程质量提升

经过第一次的全园教职工头脑风暴，我们对于幼儿园的常思课程有了一个相对深入的思考和理解。在第二次的园级课程审议中，香洲教育幼儿园明确了幼儿园只有一个课程——常思课程，如图7所示。

图7　常思课程

教师对园本课程有了认识，有了园领导到班跟岗的摸底了解，接下来最重要的是把课程落实到班级、落实到幼儿身上。通过课程影响幼儿、促进幼儿发展，把课程做成高质量的课程（表1）。

表1　"幼儿园种植活动"和"我们到底从哪里来"课程审议示例

幼儿园种植活动	我们到底从哪里来
1.在种植活动中，幼儿获得的到底是什么？收获食物的喜悦？品尝食物的快乐？体验浇水、捉虫？ 2.在种植活动中，我们能否给幼儿带来多样化的活动、多方面的经验？ 3.能否通过种植活动促进教师、家长等成人的专业发展？	1.我是这么来的。 2.我在妈妈肚子里是什么样子的呢？ 3.我的名字有故事。 4.我会怎么给自己取名字？ 5.你能猜出我的名字吗？

通过案例剖析，教师也受到了相应的启发。

启发1：课程的核心是什么？课程的核心是幼儿的经验。

经验的获得有赖于幼儿主体性的发挥，有赖于幼儿的体验和感受，有赖于幼儿动用多种感官与客观世界及自己的心灵发生相互作用，有赖于幼儿思维的参与。

启发2：教师如何备课？

幼儿园教师的备课不是写讲稿，而是根据幼儿的需要、兴趣和活动的实际，制订行动方案，引发幼儿深入探究、交往和表现，并为幼儿的活动准备相应的时间、空间和物质条件。

教师开始思考：大家都在闷头做自己班级的课程，如何区分活动和高质量的活动？

于是，下一步的行动开始了。

通过班级间的半日观摩活动，促进教师反思。

在教师互相跟岗观摩之前，各个班级间平行开展自己班的课程，相互之间并不了解，而且视线波及范围也只在本班，课程审议也只在班级成员之间，仿佛陷入言路闭塞、闭门造车的死胡同。

通过班级间的半日观摩活动，班级和教师间开始有了交集，通过观摩后的课程审议，我们看到每个班级的教师对课程审议和课程的理解都是不同的，对"一日生活皆教育"的切入点也是不同的，对幼儿兴趣点的理解也不同，如图8所示。

图8 二次班级间交叉跟岗课程审议

审议中跟岗班级教师反思和答疑解惑，在激烈的讨论中达成了共识（表2）。

表2　高质量的活动必须要具备双主体的目标

幼儿有目的的活动	教师心中要有目标
这个活动必须要幼儿喜欢，幼儿喜欢就会有目的。这种目的对于幼儿来讲是一种内在的目的。这个活动幼儿要喜欢，喜欢的同时幼儿还是抱有内在目的的，而且这样的目的一定是能够帮助幼儿获得有益经验的。	作为教师，任何一个幼儿正在进行着的活动你心中是有数的，你要非常清楚地知道当下进行的活动到底能够让幼儿获得什么。有些教师说："我不知道都应该让孩子获得些什么？"那你就去看指南，你就去看未来社会我国需要的幼儿应该具备哪些核心素养。

仅仅幼儿有目的，而教师无目的，幼儿园课程仍是散漫的；仅仅教师有目的，而幼儿无目的，幼儿园课程则是痛苦的。

但是作为教育工作者来说，在让幼儿做之前，我们必须要有自己的判断标准，我们必须思考这样做幼儿是否能够获得经验。这种经验对于他们个人的长远发展来说是否是有益的，对于我们社会未来的发展是否是有益的，对于地球的健康发展和人类可持续发展是否是有益的。

在做课程的时候，教师比较容易陷入埋头苦做。所以，我们应该在教研的时候从大的视角来看看自己的课程内容：日常教育到底起了怎样的作用？对幼儿日后产生了哪些积极的影响？是否还有提升的空间？是否还有我们忽视或者没有注意到的方面？

我们希望幼儿在快乐的童年生活中获得有益的经验，因此在课程当中就要做到幼儿有目的、教师有目标，不能仅以幼儿的喜欢作为评价的标准。

第五步：重回级组课程研讨

根据本园幼儿的兴趣特点和节日资源，各级组开展不同的主题活动：小班组的主题"我爱我的幼儿园"、中班组的主题"春天的约会"及"童声·童画·童梦系列主题活动之梦幻珠海"、大班组的主题"我要上小学了"。

下面以"春天的约会"为例。

1. 在主题课程前审议时要有目标意识

在审议之前，教师应该对每个主题进行前期的经验准备，知道每个主题的价值所在，以及这个主题的开展会给幼儿带来一种什么样的发展，如图9所示。心中要有明确的目标，只有做到心中有数才能让接下来开展的活动以及一些环

境的创设、游戏等围绕目标进行。这里
的目标我觉得不仅是一个大的目标体
系，更是要把主题目标具体化，化解为
一些具体的、可实施的操作策略，这样
在日后的开展主题时更具可操作性，更
能体现目的性。

图9　课题研讨中

例如，中班组主题"春天的约
会"，其主要目标是引导幼儿进一步
感受春天动植物以及天气的变化；知道春天是播种和植物生长的季节；了解和
感受春季万物的变化与人类的关系；能用鲜艳明亮的颜色及各种造型表现春天
的景物特征，表达对春天的感受；激发幼儿积极探索的兴趣和热爱大自然的情
感。教师除了要了解目标之外，还可以设想一下其中的具体目标体现在哪些地
方，如怎样让幼儿去感受春天，有哪些途径来实施，用什么样的方法可以让幼
儿去探索等。如果在课程前审议中，教师能够把目标转化成具体、可操作的策
略，那么就已经为我们较好地实施主题活动奠定了良好的基础。

教师结合本级组幼儿的年龄特点，依据"春"这一节气以及幼儿感兴趣的
动植物变化、其与人类的关系，将这一大主题预设分为"我的植物朋友""蚯
蚓日记""二十四节气——春""种子的秘密"和"微生物，看不见的魔术
师"五个板块。

（1）"我的植物朋友"的主题侧重于感知和观察春天植物变化的特征，增
加对春天的感性经验。

（2）"蚯蚓日记"的主题侧重于引导幼儿饲养惊蛰到来后幼儿园内外出现
的很多蚯蚓，通过观察初步认识和了解蚯蚓。

（3）"二十四节气——春"的主题侧重于了解珠海春季特有的潮湿天气和
天气对人们的影响。

（4）"种子的秘密"的主题侧重于春天万物复苏、种子的力量，探索种子
的秘密。

（5）"微生物，看不见的魔术师"的主题侧重于了解珠海的春季特别容易
滋生细菌，对疾病有正确的认识，帮助幼儿树立自我保护的意识。

2. 在主题课程中审议时要有问题意识

当教师心中有了明确的目标意识后，那么我们在主题课程中审议时就必须带着问题去审议，审议这个主题中一些活动的合理性、对幼儿发展的适宜性、教师在组织时的可操作性。这个过程对教师的预设能力提出了一定的要求，教师在审议过程中必须联系每个班级幼儿的实际生活经验以及幼儿对知识的积累情况来做适宜的调整。以"春天的约会"为例，各班教师把自己班级课程的预设思路与幼儿兴趣发生的碰撞与冲突拿出来进行了研讨。例如，中（5）班教师提出，教师给幼儿提供好几本关于微生物和细菌的绘本，帮助幼儿认识和了解生活中看不到的微生物，但总觉得很抽象，不便于幼儿理解。审议中，教师出谋划策，提出是否可以通过实验帮助幼儿了解生活中微生物对人们生活的影响。例如，切开的苹果或香蕉，在放置一段时间氧化后的变化；牛奶变酸奶；等等。结果，教师在后继班级课程中实践，发现幼儿特别感兴趣，还提出了不同的设想，如切开的其他食物也会受微生物影响发生变化吗？切开放置的时间长和时间短，食物受微生物影响发生的变化会一样吗？熟的食物和生的食物呢？微生物的样子都一样吗？等等，如图10所示。

图10　课题研讨

教师带着个人的问题及想法进行商讨，并提出自己在教学过程中的侧重点以及不同的实施策略，充分体现出了活动的班本化、特色化以及个性化。审议的过程也增强了教师的团队合作意识，以及遇到问题时运用集体的力量去解决问题的能力。

级组课程审议帮助班级打破瓶颈，提高了幼儿的探究能力和教师的课程追随幼儿兴趣的能力，最终使得年级教研组呈现出了清晰的脉络。

3. 在主题课程后审议时要有反思意识

作为教师，在整个课程的实施过程中要善于去观察和思考，在实施过后更要学会去反思，如图11所示。例如，在实施的过程中反思目标落实得是否合理，环境创设得是否得当，每个活动在安排的过程中是否符合幼儿的认知经验及发展特点，游戏中材料的提供是否丰富，是否为一些有价值的活动提供了延伸和开拓的舞台。此外更要反思的是如何提供一些合理的建议使整个主题内容更具科学性、连贯性，而不是作为一个单纯的个体来实施。

图11　课题研讨

第六步：第三次园本课程审议——让幼儿真正成为活动的主人，如图12至图14所示

图12　园本课程审议（1）　　图13　园本课程审议（2）　　图14　园本课程审议（3）

我国著名的学前教育家陈鹤琴提出："一切为儿童。"其著名的十七条教学原则中有一条是这样认为的："凡是幼儿能够做的，应当让他自己做；凡是幼儿自己能够想的，应当让他自己想；鼓励幼儿发现自己的世界。"

随着课程审议的推进，各级组乃至各个班级的常思园本课程都有了很大的提升，并由此引发了大型主题活动智囊会议，本次智囊会议分为躬问、智囊团

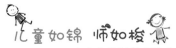

提问、澄明、定见、解析、静思、心得、案主打赏八个环节。主持人吕喆园长提出召集大家前来的目的是碰撞思想、相互学习、相互启发。我们的理想目标是找到造成问题的核心原因，形成解决问题的方案。

教研参与人员：案主1人、智囊团6人（5名幼儿园各部门教职工、1名家长代表）、观众席（全园教职工）。

教研流程：

（1）案主提前提供大型主题活动"一起玩科学、一起来阅读"科创阅读节的全部课程内容，以供参加教研的所有人阅读，进一步了解课程。

困惑一：在大型活动实际开展过程中，开展的活动不能体现教师的课程意识。如何将课程意识和大型活动的组织更好地融合？

困惑二：大型活动与各个级组的时间冲突，如何将班级课程、级组课程与大型活动相融合，让每个班级在工作和大型活动中完美结合、愉快参与、轻松应对？

（2）探究提问（提问原则：只提问、不评论、不判断、不建议）。

（3）澄明（每人轮流帮助问题的拥有者定义问题的核心）。

（4）定见（真正的问题出在哪儿）。

（5）解析（梳理思路：每人轮流阐述造成问题的原因有可能是什么？解决问题的切入点是什么？原则是不要对他们的解析做任何判断）。

（6）静思（问题拥有者认为问题的最终表述应该是什么）。

（7）心得（问题拥有者做总结凝练）。

（8）案主打赏（案主选择对自己帮助最大的嘉宾进行打赏）。

整个智囊会议下来，如图15所示，教师们发现这次大型主题活动的核心问题是：全园乃至级组、班级的大型活动课程思想没有统一，整个活动过程追求的是结果呈现。例如，科创阅读节的吉祥物——机器人，是由幼儿收集提供的塑胶瓶子制作的，但整个制作过程完全是由教师独自完成的。没有给幼儿提出问题，没有引导幼儿解决问题，没有关注到幼儿的兴趣；活动环节多而平，结束后没有延伸，明显感到大型活动与课程的关系不够明确，好像强行在大型活动里找课程，而不是把课程延伸成大型活动。我们忽视了活动的主人到底应该是谁。那到底如何才能让幼儿成为活动的真正主人呢？

图15 智囊会议

针对这一问题，吕喆园长对《幼儿教育》2019年第1期、第2期中的文章《课程意识与幼儿园大型活动的组织——以大班实习场活动"花朵美食广场"为例》，进行了细致解读，如图16所示。

图16 大班实习场活动目标

案例中，教师作为幼儿学习的助推者，通过设计和组织参观活动，让幼儿在真实的社会环境中观察与体验，推动后续活动的开展。教师通过提问，引导幼儿讨论发表自己的看法并参与讨论，并根据幼儿的讨论情况寻找契机不断追问，促进幼儿不断思考和锻炼。把自主权交给幼儿，将幼儿对问题的思考引向深入。通过对案例的分享和剖析，教师得到了启示，思路开始清晰：课程目标要明确，教师定位很重要，思考的权利交给幼儿，让幼儿真正成为活动的主人。

紧接着各个级组也针对课程问题召开了智囊团会议，小班组"课程中如何

做到以幼儿为本"、中班组"如何拓展幼儿对港珠澳大桥探究"、大班组"以主题活动'今夜不回家'为例促进教师的课程意识",通过智囊团队的集体智慧,为级组切实地解决了实际问题,如图17所示。

图17　智囊团队讨论解决问题

第七步:第二次班级间的半日观摩课程审议,促进教师反思

第一轮的班级半日跟岗结束,教师趁热打铁,马上展开了第二次跟岗活动,如图18、图19所示。有了第一次的经验,教师仿佛找到了一条通向课程发展的线索,课程思路的闸门就此打开,教师通过跟幼儿讨论,根据幼儿的兴趣在区域环境中融入了课程元素。

图18　教师反思

如今,教师的课程意识得到了提高,教师也敏锐地发现班级的课程越来越丰富,根据幼儿兴趣有了预设,开始更多地以幼儿的视角去观察幼儿的兴趣点,并把教师之间的审议和教师与幼儿、幼儿与幼儿之间的审议一一记录下来,教师通过提供探索的情境和丰富的材料提高幼儿发现问题、探究问题和解决问题的能力。

图19　分享研讨活动

第八步：通过面向全园的班级课程秀展示，完善课程内容

为了更好地促进教师之间的横向学习，幼儿园策划了班本课程秀分享研讨活动。平时都在进行班级课程建设的教师，基本上都把关注的焦点落在班级幼儿的身上，日常中研讨得更多的是基于本年龄段幼儿的特点来进行梳理，而全园性的分享研讨则是把教师推向了一个更加高的平台，推动教师站在完整课程的角度去思考班本课程的建设思路。也正是在这样的分享中，我们看到了各自的精彩。

在课程秀中，丰富的班本课程精彩绽放，如图20至图25所示。

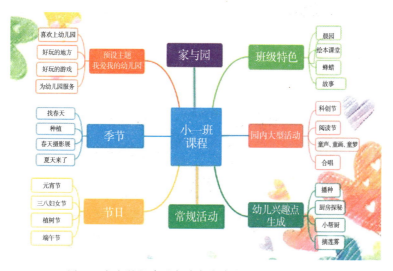

图20　小班课程秀"我爱我的幼儿园"主题网络图

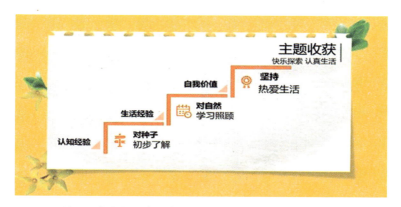

图21　中班课程秀"春天的约会——种子的秘密"经验图

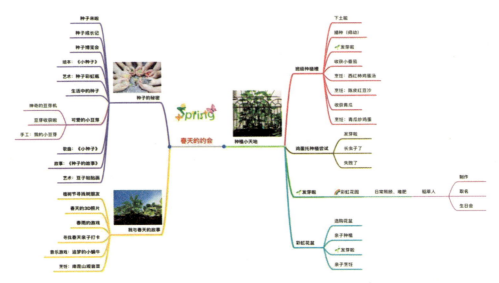

图22　中班组课程秀"春天的约会——种子的秘密"思维导图

图23　中班组庆六一系列课程秀"开摊啦"四大家网络图

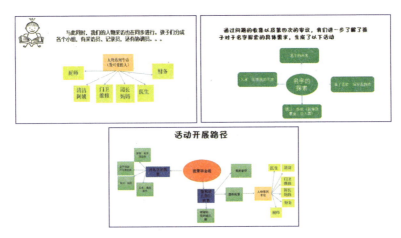

图24　大班课程秀"我要毕业啦"系列活动网络图

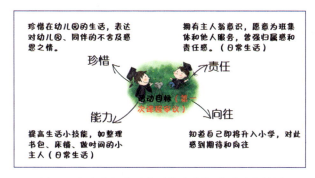

图25 大班课程秀"我要毕业啦"系列思维导图

通过课程秀的展示活动，我们看到了主题审议后的成效，教师的思路越来越清晰，而且慢慢地理解了幼儿园课程审议最本真的意义：它不仅仅是教师相互学习的机会，也让教师对自己所做的每件事进行一次梳理，给自己定位，看到幼儿的需要，知道怎样做才是真正地支持幼儿，而不是强牵着幼儿走教师想走的路。

虽然本学期的课程秀暂时告一段落，但我们探究课程审议的道路远未停歇。回看所走过的路，我们在今后的课程开展中更加明确了自己的方向：录像教研是对幼儿活动状况进行扫描、定点、跟踪录像，梳理录像中值得研讨的素材，再到班级组织教师先进行交流，生成级组共性的研讨内容，最后将共性困惑或素材提炼后参加级组教研。课程审议是从集中到分散，从分散再到集中，通过螺旋上升式的课程审议模式来扩大教师的观察视角和提高教师的课程梳理能力。我们的教研不是简单追求教研形式，其最终目的是确立适宜幼儿的活动内容、活动形式以及促进幼儿主动探索的适宜性发展。教研带给教师的远不止上述这些意识形态，还需要教师在平时的历练中去不断地提高自己，让自己成为一个善于思考、善于提问的教师。

课程源于生活，润心无声。

教研保持开放的空间、开放的精神。

让幼儿真正成为活动的主人。园本教研既是我们一直前行的脚步，也是教师成长的重要途径。在今后的园本培训与园本教研工作中，我们将通过合力使教研成效最大化；我们将继续有效推动青年教师的成长，带领教师共同探讨团队工作的挑战，引导教师走出困境，创造更多的新成果，做更好的自己。

大班课程秀——"吾家有喜"

实施者：罗伟、谢晓丽、黄凯曼

一个由孩子的兴趣和需求引发的班本课程。

一个由孩子策划、家长参与审议的项目课程。

一场真实的、具有课程价值的特殊婚礼。

【课程缘起】

2019年9月10日教师节，大（2）班的伟伟姐姐和土豆哥哥到婚姻登记处领证了。孩子们收到伟伟姐姐的喜糖，在开心的同时也产生了对结婚的好奇："伟伟姐姐你为什么结婚？""你是怎么结婚的啊？""伟伟姐姐你什么时候办婚礼？我要给你当花童。"从那之后的两个月，孩子们从伟伟姐姐结婚聊到爸爸妈妈结婚，再到和小伙伴扮演结婚，对结婚有着高度的好奇和持续的探索欲，想参加伟伟姐姐婚礼的需求也日益强烈。

2019年11月初，孩子们热情地提出了"我们想为伟伟姐姐办婚礼"的想法。为了让孩子们能在真实情境中顺利地度过"婚姻敏感期"，建立对于婚姻的正确认识，经过班级教师对于课程的初次审议，一个由孩子的兴趣引发的特殊婚礼主题课程开始了。

【课程实施】

第一阶段（初探）：结婚是什么？

1. 画出心目中的结婚场景

画纸上呈现出幼儿对浪漫又美好的婚礼的最初经验，如图1所示。

图1　新娘穿婚纱、新郎穿礼服

2. 婚礼小调查

真正的婚礼是什么样的呢？孩子通过采访爸爸妈妈、翻阅爸爸妈妈的婚纱照、观看结婚录像带、邀请家长助教解疑等方式展开婚礼小调查，建构对结婚的认识，如图2所示。

图2　创意系列

教师思考：从调查回访内容中可以看出，幼儿对婚礼、婚纱照、结婚三者的概念有些混淆。同时，我们也发现许多幼儿在讨论时会开心地模仿爸爸妈妈婚纱照中的姿势和动作，原来婚纱照引起了幼儿更大的兴趣。

经过审议，我们决定立足幼儿当下的兴趣点，以婚纱照为切入点，支持他们继续对结婚话题进行探索，让幼儿通过真实情境中的体验，获得更多对结婚概念的认识。

3. 拍婚纱照

为了拍摄满意的婚纱照，幼儿需要先寻找一个喜欢的异性伙伴，一起商量动作，准备服饰和道具，互相化妆做造型，寻找到合适的场景，选片，打印后裁剪、排版。在反复筛选和调整下，每一组"新人"都有了属于他们的婚纱照，如图3所示。

拍摄持续一个月，有的幼儿始终没有换过同伴；有的会每天换一个喜欢的同伴；有的幼儿被同伴拒绝后很平静地重新邀请其他幼儿；也有的幼儿会因为被喜欢的同伴拒绝而伤心不已。

图3　小组讨论任务分配

幼儿在"选择"与"拒绝"反反复复的经历中，学会认清自己的需要、理解别人的需要，开始懂得用方法和技巧与自己喜欢的伙伴交往，选择伙伴的倾向性也日益明显。幼儿逐渐对婚姻的真谛有了更深的理解，更明白了其实婚纱照只是结婚的步骤之一，领证和办婚礼才是

171

结婚的头等大事。

第二阶段（尝试）：婚礼策划

1. 婚礼中的准备——罗列清单

幼儿开始跃跃欲试策划婚礼：礼服、婚宴、礼花、喜糖、婚车、节目、婚礼标志牌、高跟鞋、气球等，幼儿的想法丰富但零散，如何更好地记录和呈现呢？

教师策略：以图示的方法呈现幼儿最初的知识经验。

在这个过程中，幼儿能清楚地看到自己的想法并用图画和文字的方式记录下来，也能看到他们的话语与书写文字之间的关系。

2. 清单好像有某种关系——制作、检视、完善网络图

在回顾分享时，幼儿发现清单里的高跟鞋和礼服都是新人的物品，而婚礼标志牌和气球都和布置有关，清单物品有各种关系。通过梳理，便利贴以网络图的方式重新粘贴并呈现出来。物品被划分为新人物品、准备、布置、节目四大类；接着，按这四部分将幼儿进行自由分组，推选队长。各队认领任务并开始准备。

随着任务的推进，幼儿迸发出许多新想法；并且在实施任务的过程中，他们不断发现问题、解决问题；经过多次审议，网络图也越来越明朗、清晰。

教师思考：幼儿对婚礼主题的兴趣持续增长，但仅依靠幼儿的生活经验来进行婚礼课程还是有很大的局限性。如何将幼儿零散、有限的经验真正融入课程中，进一步推进婚礼课程的开展？

第三阶段（发展）：寻求资源支持

1. 邀请家长参与课程审议

幼儿经常回家和家长分享婚礼相关事情，家长们对此心生忧虑："婚礼活动，孩子能学到什么？会不会造成孩子早熟？会耽误幼小衔接的准备吗？"为了解决家长的疑虑，2019年12月11日晚，课程审议开始了。

在会议中，家长们了解到婚礼课程的来源、幼儿现阶段的年龄特点以及特殊的"婚姻敏感期"，同时，我们也为家长播放了幼儿在准备婚礼过程中的视频小花絮，如图4所

图4　满满爱心的喜糖盒

示。看到幼儿在准备过程中表现出来的专注、投入、积极探索的学习品质，家长们放下了心中的顾虑，并且积极地提供资源供幼儿继续探索、深入学习。结合家长们的想法，网络图进一步完善和丰富。

2. 寻求园方资源支持

虽然是班本课程，但婚礼的场地、音响设备都需要幼儿园的协助，而婚宴更是牵动着家长和幼儿的心。幼儿已投票选出想吃的食物并制作成菜谱。但相关食材的采购、搭配、制作、保存都需要考虑到食品安全问题。婚宴环节能否进行，成为课程的一大难题。

当幼儿向园长说明情况后，园方的大力支持给了幼儿极大的信心。在医务室、厨房等各部门的配合下，婚宴以草坪自助餐的方式顺利开展。幼儿在宽松的人文环境中，更加积极地进行着对婚礼的探索。

3. 合理利用社区资源

（1）注入公益力量。

伟伟姐姐是一名志愿者，每周六都会为特殊需求儿童提供免费的公益课程。婚礼也获得了公益中心的大力支持：包装喜糖的纸就来自特殊儿童画的湿水彩。听说湿水彩纸的来源，幼儿小心翼翼地爱护着每一张纸，认真投入地裁剪、折叠成喜糖盒。随着公益力量的注入，幼儿的责任意识也更加强烈。

（2）参与社会实践。

在家长和教师的引导下，婚纱店和附近的超市、婚品店成了幼儿探索课程的社区资源。

幼儿来到婚纱店为"新娘"挑选婚纱，店员详细地为幼儿讲解多款婚纱的特点，幼儿也在参观和体验中了解了婚纱对于婚礼的重要意义。

喜糖负责人昱睿和姐姐一起制作了"超市采购与网购价格对比表"，对不同采购方式的价格进行了对比。经过综合考虑，他们去超市采购到物美价廉的喜糖（寓意"早生贵子"的红枣、花生、桂圆、莲子以及幼儿投票选的5种糖）及牛轧糖原材料，如图5所示。

在社区实践中，幼儿通过参观、采购、沟通

图5 采购喜糖

173

采访，获取了真实的生活经验，丰富了对婚礼的认识，也对主题有了更深入的思考。

第四阶段（实施）：婚礼前的准备

根据网络图分成的几大组，幼儿共同推选出队长并认领各组的任务，开始进行各项婚礼准备。

1. 新人物品组

新人物品组的幼儿从实体店或者网购挑选婚品，在琳琅满目的商品的刺激中，幼儿丰富着对婚礼的认识。

2. 准备组

准备组的幼儿积极利用家长资源完成自己负责的项目。

楚晴的爷爷主动报名当家长助教，为幼儿展示用毛笔写成的"囍"字，带幼儿了解中国婚礼的传统文化。正对书写敏感的幼儿也有模有样地写起了红双喜，并贴在了窗户上，喜庆的氛围一下子充满了整个教室，如图6所示。

幼儿和家长一起制作牛轧糖作为第10颗代表"十全十美"的喜糖，如图7所示，一起商量制作女生头纱，共同制作婚礼邀请函，一起准备婚礼道具。在一场场温馨甜蜜的亲子互动中，幼儿的想法一个个被实现。家里也成为幼儿进行延伸学习的重要场所。

图6　学爷爷写毛笔字　　　　图7　做牛轧糖

3. 节目组

戏剧表演节目组是由主题课程"开摊啦"中发展出来的演戏组。在每天的自主游戏时，演戏组的幼儿自己化妆，挑选合适的服装，然后自发地排练节目，故事情节和人物角色每天都在更新。

在"吾家有喜"婚礼课程审议时，演戏组组长西西提出：戏剧表演一直没

有正式演出，想在婚礼上表演给观众看。这
一提议获得了全班幼儿的一致认同。在短短
一周时间内，幼儿通过自由组合分为了三个
表演组，自选音乐、自编动作进行排练。

婚礼不仅是伟伟姐姐和土豆哥哥的结
婚仪式，也是幼儿进行自我展示、实现舞台
梦、获得自信和认可的重要平台。

图8　被我吓到了吗

4. 布置组

布置组幼儿有条不紊地做着各项准备，
如折团扇、挂蝴蝶结、画红灯笼、剪爱心、
铺地毯、制作迎宾牌、装饰椅背等，幼儿按
他们对婚房的理解布置着教室和音乐厅，有
喜欢的气球拱门、有铺满花瓣的地毯、有挂
着彩虹的舞台，抬头满眼都是孩子们剪的爱
心，如图8所示。在动手操作中，孩子们的精
细动作得到发展，时不时迸发的新想法也让
布置变得创意满满。

图9　排练吸引了一群小迷妹（1）

家长们的审议也在经常进行着，婚礼流
程越来越细化，细节越来越具体，婚礼也越
来越近了，如图9、图10所示。

第五阶段（高潮）：婚礼现场

婚礼当天，许多姊妹园的园长、老师一
同见证了这场特殊的婚礼。男生骑着滑板车
当婚车，根据自制的婚礼标志牌指示路线，

图10　排练吸引了一群小迷妹（2）

到达婚房门口。男生们通过塞红包、唱军歌、玩接亲游戏、找婚鞋等考验，成
功地让新郎接走了新娘。婚礼流程也有条不紊地进行，幼儿的节目热场、新郎
入场、向新郎提问、新娘入场、交接仪式、新人交换戒指、向园长敬茶、扔捧
花、切蛋糕、草坪自助餐婚宴、新人敬酒。

一上午的浸入式课程体验，大家在这温暖、有爱的婚礼里，为新人的甜蜜
而祝福，为幼儿的投入而感动，为课程的圆满而开心。幼儿也在这场真实的婚

礼中，真切地体验着自己的想法被实现的满足，感受着项目课程的高潮事件带来的欣喜和收获。

【教学后续】

婚礼结束后的几天，常看见幼儿和小伙伴聊起婚礼中自己印象深刻的一幕幕。在整理课程资料的回顾中，又形成了一场丰富的讨论。

1. 为什么要结婚

"因为土豆哥哥爱伟伟姐姐，伟伟姐姐也爱土豆哥哥。"

"两个人互相爱就可以结婚，不爱就不能结婚。"

2. 什么是爱

"爱是敬酒的时候土豆哥哥为伟伟姐姐穿披肩。"

图11 爱是为睡着的爸爸盖上衣服

"爱是爸爸倒水给妈妈。"

"爱是我陪妹妹睡觉。"

"爱是为睡着的爸爸盖上衣服。"如图11所示。

婚礼结束后，我们收到了许多家长的反馈。让我们惊喜的是，在这场婚礼的筹备中，幼儿更加能感受到身边人对自己的付出，也更加会关心他人了。

真正理解什么是"爱"是幼儿度过婚姻敏感期的关键，也是我们课程的重要目标。

教师思考：没想到，伟伟姐姐领证这一突发事件，竟如蝴蝶效应般引发了一系列婚礼课程的探索。从最开始绘画呈现对婚礼的最初经验，到拍婚纱照、婚礼小调查进一步巩固结婚的概念。在策划婚礼中，从罗列清单整合共有经验，制作网络图梳理知识经验，到家长审议，寻求社区及园方支持，进一步丰富完善知识经验，再到将自己的想法加以实践，强化综合经验。随着课程的深入开展，幼儿对婚礼的认识也愈加真切，如图12所示。

图12　幼儿经验流程图

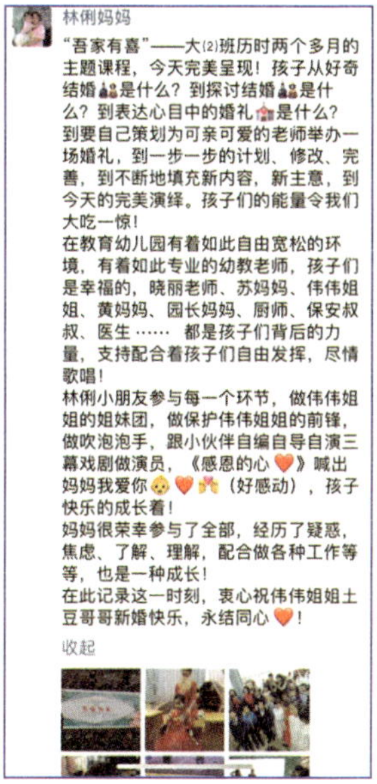

　　这场婚礼的督导者是家长，证婚人是园长，新娘是教师，主持人是幼儿，花童是幼儿，节目是幼儿，策划、筹备还是幼儿。选敬酒服，制作喜扇，制作婚礼标志牌，编排节目，向园长申请场地，制作婚礼背景墙，制作头纱，挑选采购喜糖，制作牛轧糖，制作喜糖盒，写邀请函，布置婚房，剪爱心制作婚礼背景墙，准备婚车，挑选皇冠，照顾新娘身体，写红双喜贴窗花，投票确定婚宴食材，与园长、医生、掌厨的叔叔沟通婚宴，准备接亲游戏，挑选布置的婚品等都是幼儿来主导和实施。

3. 孩子真有这么大的能量吗？

　　如果说婚礼就像一朵盛开的花，那园方的人文情怀就是土壤，是一切的基础；家长是太阳，提供所需的支持；而幼儿就是那每天浇水的人，有幼儿的坚持

图13　家长感悟

和付出，才有初春的一抹红，才有这美丽的盛放。在这场项目课程中，幼儿既是项目的发起者，也是实施者、见证者。在这个过程中，幼儿开始了解到自己是有能力的学习者，在着手探究和解决问题中获得自信。

　　家长也是项目课程的重要组成部分，如图13所示。一个项目课程的主要益处之一，就是让家长欣然地参与到学校活动，并且对幼儿的活动感兴趣。在"吾家有喜"课程中，家长多次参与课程审议中，对课程的计划、背景、进展都有着充分了解，因此家长知道能对此课程提供哪些有价值的帮助。而家长的支持和互动，是课程丰满的主要因素。项目课程的另一个益处是家长可以正面回应幼儿的热心投入、参与以及认真工作的动机。随着"吾家有喜"课程的不

断推进，家长逐渐发现幼儿在课程中显现的学习质量、精细动作、同伴交往以及思考层次，感受到幼儿超强的学习能力，对教师、班级、幼儿园的工作也越发信任。

活的课程源于生活的高光时刻，始于幼儿的好奇心和创造力，在教师和家长的支持下得到丰富的发展，在幼儿的主动探索和积极思考中得到完整呈现。在这个婚礼课程中，真正把握课程主导权的是幼儿，幼儿自发主动地探索和发展，他们对自己进行的工作感到兴奋，每一个幼儿都能从项目课程中找到自己的闪光点，在最近发展区里获得成果，因此他们活跃在每天的学习中。

陈鹤琴曾说："一切想学的就让他自己学，做中学，做中教，做中求进步。"这大概就是这个课程的价值所在。

第四章 微型课程构建幼儿学习新思路

伴随着常思课程的进一步开展，教师越来越关注课程是否满足幼儿发展需要，是否能给予幼儿积极的支持与回应。于是，微型课程顺势而成。它既是一种生成式的课程，记录着幼儿自主性、整合式的学习架构；也是教师基于对幼儿学习、成长的分析逐渐形成的教育新思路。

对于微型课程的思考

一、什么是微型课程

微型课程是基于幼儿兴趣自主自发的，在教师持续支持下不断深入探索、学习而形成的，微小、精练的整合式课程模式。这样的一种学习脉络不仅记录着幼儿的自主学习与成长的全过程，而且反映出教师对课程的思考及新思路。

二、微型课程的特点

内容源自教师基于一日活动中幼儿观察、获取到的有效学习信息，通过创造环境与提供材料及时、迅速地给予回应，以更好地促进幼儿的探索和学习。

三、微型课程的开展形式多样

微型课程可以针对单个幼儿进行，也可以是小组形式或者集体形式开展。

微型课程的开展

有了对微型课程的基本认知后，教师开始进行课程尝试。由基本认知跨越到实际工作的开展，一项说做就做的新课程尝试，对于教师来说，充满着无法预知的挑战，无疑也让教师有了不少的困惑。

（1）什么样的课程才是幼儿需要的真课程？

（2）怎样的备课才是以幼儿为本的备课？

（3）在活动实施过程中怎样才能做到不是教师主导？

（4）何时介入幼儿游戏才能让课程不着痕迹地开始？

（5）怎样才能让课程帮助幼儿深入学习？

团队里的教师决定一边做微型课程的尝试，一边开展微课教研，借助集体的力量共同做好新课程的尝试工作，并达成以下开展活动的模式，如图1所示。

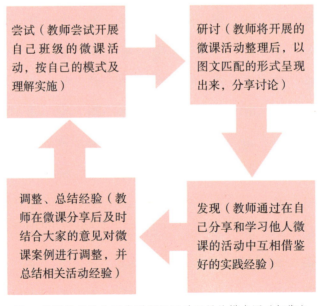

图1　香洲教育幼儿园微型课程活动开展的模式图（初期）

这样的活动框架为教师开展实践活动提供了整体方向和思路。尝试→研讨→发现→调整→总结经验→再尝试→再研讨，这种不断循环的模式能更好地帮助教师在实践中发现问题—分析问题—总结经验。这种既开放又相对清晰的工作模式可以帮助教师们逐步梳理自己的工作思路。

作为新课程，我们不限制微型课程的选材和形式，也不要求课程内容的多与少，使教师有了充分的思考空间和实践的自主性，如图2所示。

图2　微型课程小组开展微课教研的主要流程图

微型课程的经验分享

在微型课程尝试初期，教师逐渐表现出细致的观察力，并能解读、记录下幼儿的行为表现，帮助幼儿发现自己的自主学习能力。在课程实施中，教师有了捕捉有价值教育契机的敏感性，能促使微型课程学习主题的生成。只是如何做才能帮助幼儿建构属于他们的学习活动？什么样的课程内容才能使幼儿在主动学习中形成自己的学习架构？围绕这些问题，微课组团队的教师展开了教研和探讨，并将经验分享如下。

经验一：在微型课程中建构属于幼儿自己的学习活动

第一步：投入丰富、多样的材料，创设有准备的环境，促使幼儿与环境产生共鸣及互动，为幼儿活动和学习提供良好的物质及精神支持。

这是关键的一步，幼儿是否能表现出相应的兴趣、爱好，表现出自主学习的活动状态，在微型课程中最重要的影响因素就是环境，所以幼儿在各个教师所在的班级，是否有真正的活动自主权，是否能拥有安全感、自在感，是否有足够的活动空间、时间，等等。这些类似问题都是教师在提供支持和环境时所必须要考虑到的。

第二步：捕捉有价值的教育契机，形成核心主题，并及时分析和了解幼儿的前期经验及其对活动感兴趣的程度。

幼儿不是对所有的主题都会感兴趣或持续有兴趣。当有的幼儿对相应的学习主题不感兴趣或兴趣不浓时，教师应该给予什么样的支持及调整。这些都是教师在帮助幼儿开展课程学习之前所要思考和研究的问题。

第三步：确定主题后，投放和增加与主题有关的丰富的活动材料，创设与主题相呼应的学习环境。

课程中的各个内容及延伸活动，都源于幼儿的兴趣，这样才能真正促进幼儿不断主动和深入学习，满足幼儿从各个不同层面对课程内容的探究与深入学习，为幼儿不同的个体需求提供各种可能的选择。

第四步：反思、总结，及时完善和调整课程，帮助幼儿形成属于他们的课程学习脉络。

反思是微型课程团队里教师成长的关键，养成反思的习惯对于一个善于研究、敢于创新、富有智慧的教师来说是必不可少的。教师往往会忙于组织日常教育教学活动，繁忙的活动使教师深感应接不暇，如果教师在这样的繁忙中不反思，许多现象就像流水账一样在教师的脑海中流过，不利于教师的专业成长。教师的不专业必将会影响到课程的正常开展，不能给幼儿提供专业、及时、有效的支持与帮助。所以在微课团队中，教师应经常会问自己："这个活动开展得成功吗？""幼儿为什么会有这样的反应与现象？""这项活动是幼儿所需要的吗？"类似这样的问题，可以帮助教师在不断回顾中梳理活动、反思问题、查找原因、调整支持策略。

经验二：把握微型课程内容的关注点

1. 关注幼儿园教育的目标和任务

《幼儿园教育指导纲要》中指出："教育活动的组织与实施过程是教师创造性开展工作的过程。"在课程实践中，这个创造性过程不是盲目的、随意的，而是要时时以"幼儿发展为目的"，因此教师需要融合全部的教育目标，包括明确各个年龄层幼儿的发展要求、不同领域的目标等。只有这样才能形成良好的"目标意识"，在具体的问题中及时调整行为、生成智慧，并根据幼儿的活动兴趣和需要，帮助幼儿建立课程内容。

2. 关注幼儿当前的兴趣和爱好

在微型课程的开展中，教师在观察中关注幼儿当前的兴趣及需要，对"兴趣是最好的老师"这句话有了更深切地理解，教师逐渐在实践中把幼儿当前的兴趣和需要作为生成微型课程的一个重要来源。

要注意的是，从幼儿的兴趣出发生成微型课程时，往往会出现这样的情况：有的幼儿对这个问题感兴趣，有的幼儿对那个问题感兴趣，这时教师应该怎么办？

首先，教师需要对幼儿的兴趣进行价值判断，判断的标准就是幼儿教育的目标。教师应根据幼儿教育的目标判断，哪一兴趣更有利于幼儿的终身学习和个性发展，进而给予适时支持，为幼儿提供活动的时间、空间和材料。

其次，对于幼儿的另一兴趣，教师也应给予及时地肯定及鼓励，保护幼儿的自尊心及其继续探索的欲望。

3. 关注幼儿在园生活中的矛盾与冲突

幼儿在幼儿园生活和自主学习活动中常常会出现各种各样的问题与冲突，解决问题、矛盾冲突也是我们微型课程开展的重要内容之一。我们的课程会更注重对幼儿解决问题能力的培养，注重对他们的沟通、协商等交往能力的培养。所以，只要教师能成为有心人，就可以善用和把握这些矛盾与冲突，使之生成课程内容。

4. 关心幼儿身边的人与事，关注他们的话题

幼儿身边的一些事在一定的环境和条件下，也会成为微型课程的内容来源。例如，微型课程开展到后期的一个活动案例"信的秘密"，就是由幼儿写信、寄信、收信的事件引发的学习活动。教师把握了这一教育契机，针对幼儿对于信件的各种疑惑，带着他们参观了邮局、体验了寄信。这不仅丰富了幼儿有关信件传递的知识，还培养了幼儿积极探索的精神。

5. 关注幼儿生活中的意外或突发之事

在幼儿的生活过程中，教师如果能关注意外或突发事件，也能抓住良好的教育契机。对于突发或意外事件的利用，对教师的专业水平提出了很高的要求，因为它要求教师在转瞬间对眼前事件的教育价值做出判断，并确定下一步的行动方案。不过，当教师难以在瞬间进行价值判断或者虽然意识到价值的存在却还无法明确下一步活动的思路时，可以先让幼儿就此事充分发表看法。这

样既可满足幼儿主动参与的愿望，又能倾听幼儿内心的想法及关注焦点，教师也可以有更多的时间进一步深入思考，借助幼儿的想法梳理教育思路，帮助幼儿更好地建构活动课程。

经验三：微型课程中的教师备课，如图1所示

图1　微型课程中教师备课流程图

先备孩子，在观察的基础上，再备材料，充分支持幼儿主动探索、深入学习。

1. 备孩子

在自主活动中幼儿做计划的时候，教师就要开始做到心中有数：哪个幼儿今天的计划比较特别（例如，有新的游戏内容、新材料的使用等），哪个幼儿做的计划相对弱一些（教师也要提前准备用何种方式观察他），或者今天教师要特别观察哪个区的幼儿又或者是某个幼儿。这样教师才能真正做到心中有数，才能有目的地观察，如图2所示。

图2　教师进行微型课程的教研学习

2. 观察

教师观察的时候要明确：今天观察的是幼儿哪方面的经验？如幼儿的交往能力、解决问题能力、解决冲突能力、语言表达能力等。

3. 备材料

通过观察，教师要明确游戏中的材料是否能够支持幼儿主动探索，如果游戏进行不下去了，是因为材料过多，还是因为材料不够，或者是因为材料找不到？在游戏结束的回顾分享中，教师要听取幼儿的意见，结合自身观察随时进行环境材料的调整。

4. 支持主动探索

幼儿在游戏过程中如果主动探索，教师应该及时给予肯定，尤其是回顾分享环节要在集体中肯定幼儿的主动探索行为。如果幼儿提出需要教师提供材料或技术帮助的时候，教师也应及时给予回应，或者带领幼儿一起找，或者鼓励幼儿请同伴帮忙。

5. 深入学习

教师发现幼儿感兴趣并愿意主动探索的活动时，应顺应幼儿的兴趣有计划地投放相应的材料，如照片、图书等与幼儿感兴趣事物有关的材料，也可预设相应的活动帮助幼儿深入学习，如提供一些视频、参观、家长助教等辅助手段。

微型课程中后期的发展

有了对微型课程初尝试的前期经验、案例分析及经验思考，教师对进一步开展微型课程有了更加明确、清晰的思路与努力的方向，开始着重在课程活动中为幼儿提供有效回应。

当再次走近师生的课程活动案例时，我们会发现：教师们不再只是观察记录，而是在幼儿有需求的时候给予及时的帮助与回应；当发现幼儿课程活动中有教育价值的契机时，教师也能将其精确地提取出来，给予幼儿良好的引领；当幼儿对课程活动充满兴趣时，教师能迅速地对班级环境和材料进行调整与补充；当幼儿对课程活动不感兴趣的时候，教师也会尊重幼儿的不同差异与需求，倾听他们内心更真实的想法，为他们提供适合他们学习的环境与材料。教师应根据幼儿在课程活动中的不同表现情况及发展水平，分别给予他们物质层面、精神层面上更充盈的支持与回应。

当看到这一幕幕画面的时候，我们常常会被感动！教师们对回应与介入的策略已不再疑惑或生疏，他们开始熟练自如地运用，在活动中给予幼儿真正的回应。基于这样的状态，中后期微型课程活动案例开始呈现出较为深入的学习脉络，幼儿也在这样的活动中学会深入探索、深度学习。

这一新阶段的案例呈现，也由原来单一的文档形式演变为PPT、学习网络图等多样化的呈现方式。

随着微型课程的逐渐深入，团队中的教师也常常分享幼儿在课程活动中的变化与成长，分享自己又在哪个活动中发现了幼儿的闪光点，分享自己对活动开展的心得体会。

微型课程的开展原则

一、基于游戏生成活动，尊重幼儿的兴趣和需要的原则

例：刘蔓萱"'乌鸦喝水'引发的系列活动"，如图1所示。

图1　刘蔓萱课例图片

《幼儿园教育指导纲要》指出："教师要善于发现幼儿感兴趣的事物、游戏和偶发事件中所隐含的教育价值，把握时机，积极引导。"从案例中可看出教师利用幼儿对"小动物们要喝水"的兴趣点，鼓励幼儿运用寓言故事"乌鸦喝水"的故事情节来解决游戏中的问题，并引发新的思考——"如果是你，

会用什么方法让小动物喝到水？"激发幼儿利用原有的知识经验萌生出新的探索，引发多个学习可能。在幼儿一步步讨论、设计、收集材料，到最后通过对收集到的各种材料进行实验的这个过程中，教师更多的是提供给幼儿更多的场地和材料，支持幼儿的兴趣和需要，帮助幼儿累积更多、更新的知识，把这个知识网建构得既整齐又结实，进而推向另一个高点。

二、关注个体，搭建支持平台的原则

例：罗选的"找中间点"，如图2所示。

图2　罗选课例图片

《3-6岁儿童学习与发展指南》中强调："教师要尊重幼儿的个体差异。"《3-6岁儿童学习与发展指南》所呈现的发展"阶梯"，不用同一把"尺子"来衡量所有的幼儿。如何让每一位幼儿在集体中感受到自己的存在？案例中罗老师细致地观察和了解幼儿、倾听幼儿，在由区域活动幼儿"玩天平"引发的"找到积木中间点"的游戏中，尊重幼儿的不同知识水平，罗老师不是急于让幼儿掌握

"找中间点"的数学知识，而是读懂幼儿的需求，捕捉来自幼儿的信息，通过材料的暗示，给予恰到好处的隐性指导。在探索的过程中，罗老师根据幼儿能力的强弱采用的载体也各有特色，如为能力弱的孩子提供绳子、毛根、尺子等可以测量、弯、折的材料，为能力强的孩子提供可拼搭、对比的材料，为幼儿创造了自主发现、体验成功的机会，从而让幼儿在经验中形成自己的认识。

三、"先学后教"的原则

例：苏颖的"宝宝超市"，如图3所示。

图3 苏颖课例图片

"教育如果只有兴趣，那么教育将不成为教育"，教师不能只是简单地追随幼儿的兴趣。案例中幼儿在家庭区进行"超市"游戏，在游戏中出现了物品没有价格、买卖混乱的情况，回顾环节中幼儿对自己的游戏不满意，主动要求参观超市。教师在对幼儿的兴趣进行分析判断之后，鼓励幼儿主动调查，在教师的引领下幼儿还要求带纸与笔去记录超市的物品摆放、商品的价格、交易过程，最后汇总意见重新创建超市。在探究过程中，幼儿学会了主动向同伴学习，求助他人以得到支持。教师始终追随幼儿的兴趣，把握好其中可能遇到的困难和需要努力的程度。在幼儿游戏进入瓶颈的时候，教师要伸出援助之手，并及时调整和延伸，即满足幼儿的情感需求和探索需求。始终是"幼儿在前，教师在后"，推动其学习向纵深发展，"润物细无声"地引导幼儿深度探索。

四、基于教师对幼儿的观察与梳理的原则

例：苏颖、罗伟的"植物生命的秘密"，如图4所示。

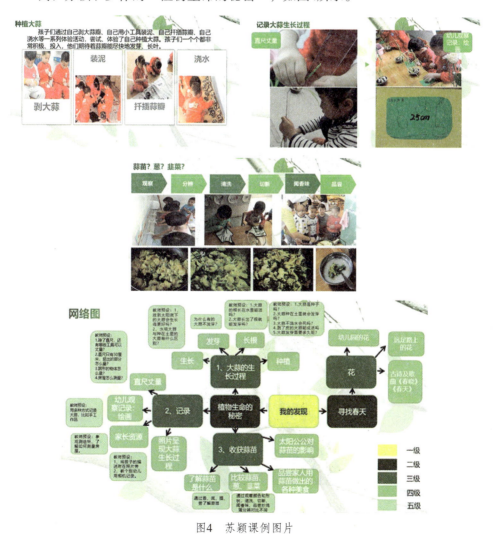

图4　苏颖课例图片

在以往的幼儿园教育活动中，开展得更多的是教师的预设活动。在案例中小班的幼儿亲自种植、浇水、照料大蒜，了解了大蒜的生长过程，在劳动中体验了收获和分享的快乐！虽然是种植活动，但是教师通过仔细观察、分析，捕捉幼儿间的热点问题，发现幼儿对品尝蒜苗和直尺测量蒜苗的长度更感兴趣，于是，教师开始梳理幼儿兴趣延伸的脉络，发现幼儿感兴趣的事物和偶发事件中所隐含的有教育价值的东西，并通过提供多种材料满足幼儿探索的需要，真正体现《幼儿园教育指导纲要》"以幼儿为主体""以幼儿发展为本"的理念，使教师和幼儿都成为课程的主动建构者。

五、家园共育、和谐发展的原则

家长的力量是幼儿园课程的良好补充。在幼儿园的诸多活动中，家长利用自身的专业以及资源为我们的课程开展提供了有力的支持和帮助，如图5、图6所示。

图5 微型课程中的家长力量（1）

图6 微型课程中的家长力量（2）

微型课程的优点

一、微型课程是灵活多样的课程模式

如图1至图3所示，创设灵活多样的课程模式。

图1　灵活多样的课程　　　图2　灵活多样的课程　　　图3　灵活多样的课程
　　　模式（1）　　　　　　　　模式（2）　　　　　　　　模式（3）

教师可以根据幼儿的实际兴趣和需要展开探索活动，这样的弹性课程尊重幼儿个体成长，保护了他们自主选择、自主探索的权利，课程模式有针对个别幼儿的，有小组形式的，也有大组形式的。

二、微型课程是一种开放、自由、自然、生活情境化的模式

如图4至图6所示，幼儿沉浸在开放、自由、自然、生活情境化的模式中。

图4　自然情境化的模式　　　图5　开放情境化的模式　　　图6　生活情境化的模式

在这里，我们支持幼儿在生活中学习，把教育生活化，把生活教育化。教

师在课程中把方案教学法和鹰架教学法相结合，把源于幼儿的构想通过材料支持、口语、肢体、艺术创作、生活实践等形式让幼儿尽情体验，成为他们的经验。我们知道知识不一定包含经验，但经验一定包含知识。

三、微型课程活动中建立良好的师生关系，促进师幼互动

如图7、图8所示，良好的师生关系可以促进师幼互动。

图7　良好的师生关系　　　　　　　　　图8　促进师幼互动

微型课程拉近了师生之间的距离。随着观察能力的提升，教师能更清楚地看到幼儿的活动状态，学会站在幼儿的立场去看待一切，促使幼儿充分表现潜能、发挥个性。

四、微型课程改变教师观察视角，走近儿童的世界

如图9至图11所示，教师正逐步走近儿童的世界。

图9　走近儿童的世界（1）　　图10　走近儿童的世界（2）　　图11　走近儿童的世界（3）

以前教师的观察往往停留在幼儿活动的表象上，现在教师不仅能及时、准确地记录下幼儿活动的表象，还能对其进行深入分析，幼儿的兴趣一点一点都出现在教师们的眼中；教育契机孕育而生，并能及时提供材料支持幼儿主动探

索。教师更加尊重幼儿，尊重幼儿的学习兴趣，走近儿童的世界。

五、为幼儿提供可控制的学习过程

如图12至图14所示，提供可控制的学习过程。

图12 可控制的学习过程（1）　图13 可控制的学习过程（2）　图14 可控制的学习过程（3）

"主动"并不意味着放任自由，而是通过一定的学习程序，按照自己的意愿主动控制学习的过程。通过制订计划、执行计划、预测结果、交流与表达等程序，不仅可以预期幼儿在活动中认知与行为的变化，制约着幼儿的选择性注意，对其随后的学习活动起着引导作用，而且帮助幼儿逐步学会控制自己的行为，学会控制环境刺激，让幼儿对感兴趣的活动负起学习的责任。

六、帮助幼儿获得成功体验，提高自我效能感

如图15至图17所示，帮助幼儿获得成功体验以提高自我效能感。

图15 提高自我效能感（1）　图16 提高自我效能感（2）　图17 提高自我效能感（3）

微型课程帮助幼儿主动学习，教师的支持促使其计划的活动得以成功，并让幼儿和同伴分享这一过程和结果，使幼儿获得成功的体验，从中获得自信、求学的精神，使幼儿真正成为学习的主人。

七、激发教师探索课程的热情，提升教师的教学能力

如图18至图19所示，投入游戏的孩子们。

图18　进行游戏（1）

图19　进行游戏（2）

在开展微型课程的过程中，教师开始真正地从幼儿的一日生活中发现教育的契机，每一天都有新的发现和新的教育活动开展，不再墨守成规。教师的主动性和积极性被充分调动起来，教师之间关于课程的研讨话题也越来越追求实效，大大提升了教学能力，向研究型教师发展。

八、家长参与教学，更支持班级及幼儿园工作

随着微型课程的推进，家长感受到了幼儿的探索精神和求知欲望的与日俱增，如了解幼儿园的教学方式和理念、主动参与活动中、为课程推进联系参访场所、担任微型课程助教等，促进了幼儿学习能力和学习质量的提升。

常思课程的领导力对开展微型课程的意义

一、转变教师的儿童观、教育观

新的《幼儿园教育指导纲要》第三部分强调：教师要成为幼儿学习活动的支持者、合作者、引导者，要"关注幼儿在活动中的表现与反应，敏感地察觉

他们的需要，及时以适当的方式应答，形成合作探究式的师幼互动"。在微型课程的实践中，成人与幼儿之间是平等关系，幼儿受到了应有的尊重。

二、建立年级组团队理念的联结

在一次次微型课程的实践和教研中，年级组教师的教育理念逐步统一，教育理念和微型课程实践之间的联结逐渐建立。

三、提升教师的专业素养

随着教师观察能力的提升，教师的教育理论也在渐渐改变，他们能更加尊重幼儿，尊重幼儿的学习兴趣，更加走近幼儿的世界。

微型课程精品赏析
——"乌鸦喝水"引发的学习活动

班级：中班 教师：刘蔓萱

为了让幼儿的区域活动能开展得更加深入，我们对班级的区域空间和材料进行了全新的改变和调整，投放大量废旧、天然、开放性的材料。新调整的环境和增加的材料颇受幼儿的喜爱，同时也带给他们许多新的玩法和探索。

一、微型课程的由来——这里发生了什么事？

王泽齐、王奕涵、叶丰恺以及钟尚阳几人来到了建构区，在材料房里选择了许多动物、瓶瓶罐罐及石头，搭建起动物园的建筑，"我是狮子""我是马"……幼儿纷纷扮演着各自的角色。阳阳说："我的马口渴了，想喝水。"张潇之说："我帮你装水吧。"她从抽屉里拿出了一个玻璃瓶去装了半瓶水，放在了动物们的中间；几个幼儿马上拿着手中的动物准备喝水，瓶口太小，水只有一半，根本喝不到。大家互相看了看，王奕涵说："我们来学乌鸦喝水

吧，把石头丢进去，这样就可以喝得到了。"

二、问题思考：小动物们怎样才能喝到水？

于是幼儿拿起小石头一颗一颗地往瓶子里丢，他们惊喜地发现，随着瓶子里的石头越来越多，水位越来越高。他们的活动吸引了周围许多小观众，大家都期待地看着这样的实验是否能成功。最后，在大家的期待和努力下，动物们终于喝到水了。成功的那一刻孩子们都开心地欢呼，那是发自内心的喜悦和成就感！

图1　幼儿在探讨小动物怎样喝到瓶里的水？

如图1所示，为幼儿的活动现场。看，幼儿在"小动物喝水"活动中，通过自主思考，运用了寓言故事《乌鸦喝水》中的故事情节，选择班级环境中的材料进行探索，从而解决了问题。这样的自发行为非常可贵，也激发了其他小伙伴们的探索与参与。为此，我们一起分享了"乌鸦喝水"的寓言故事，并展开一系列的讨论活动，如图2所示。

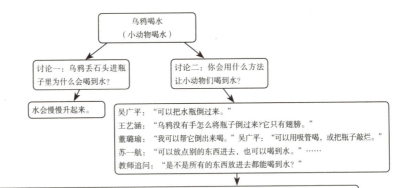

图2　讨论内容记录表

三、根据讨论结果制作记录表——投放这些材料，水面会升高吗？

幼儿对于"应该投放什么样的材料"有很多猜想，教师引导幼儿一同制作实验记录表，并将自己的猜测用"√"和"×"符号进行标识和统计。

图3　幼儿三五成群地聚在一起讨论

充满着好奇和期待的幼儿，吃水果时间也会三五成群地聚在一起讨论，如图3所示："我觉得××是可以升起来喝到水的。""我觉得××是不可以的。"……

四、收集材料，进行实验

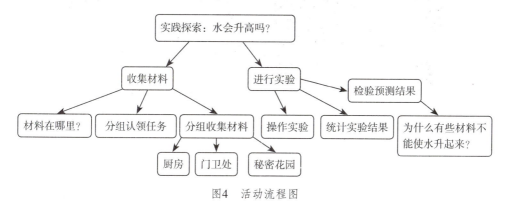

图4　活动流程图

幼儿去厨房找叔叔阿姨要相应的材料，如图5至图13所示。

图5　去厨房找材料　　图6　提供资料给阿姨看

197

图7 到门卫何叔叔处寻找材料

图8 寻找材料中

图9 找到材料

图10 用找来的材料进行实验（1）

图11 用找来的材料进行实验（2）

检验：看看你的实验结果跟你预测的一样吗?

图12 判断预测与实验结果记录表

图13 幼儿尝试进行记录

教师分析：

"乌鸦喝水"是一个耳熟能详的故事，很多幼儿也都听过。通过故事大家都知道乌鸦是在有水的瓶子中加入了石子后使水位升高来喝到水的，但是事

198

实是不是这样呢？和材料的不同有没有关系呢？活动中幼儿的探索欲望是很强的，兴趣也很浓厚；教师始终让幼儿在活动中起主导作用，使幼儿能在愉快的探索、观察、动脑、动手的活动中得到答案。每一次的困惑都变成了对幼儿积极讨论、想出解决策略的鼓励。幼儿在一步步设计、收集材料最后进行实验的这个过程中一直都是非常积极的。整个过程不仅使幼儿玩得开心，还使幼儿理解了一些简单的科学现象和知识，从中也提高了幼儿团队合作精神、动手动脑的能力，使每个幼儿都能在实验过程中充分体验思维的再创造过程。

第五章　多元开放的环境创设构建隐形课程体系

　　环境就如人类赖以生存的氧气般存在于幼儿在园的生活当中，幼儿的成长离不开环境，同时也在改变着环境。这种相辅相成的关系，决定了环境客观存在与发展的必然性。环境以背景的方式渗入幼儿的各种学习生活活动中，良好和谐的环境有助于幼儿的身心全面发展，同时，幼儿的自主参与可以改善学习环境的创设。个体是在与环境相互作用的过程中不断发展的，环境已经成为现在非常重要的教育资源。良好的学习环境能够激发幼儿认知事物的潜能和参与社会活动的积极性。物质环境和精神环境平衡和谐才能给幼儿创造一个美丽、快乐和健康的乐园。

　　本章主要呈现的是香洲教育幼儿园在课程建设过程中，通过学习先进的教育理念，借助评估量表、内化评估量表，不断实践和反思，改变教师固有的观察角度，使观察角度多元化；通过多角度地观察幼儿与环境的互动，再进行小组式研讨、评估，以幼儿发展特点和需求为前提，调整室内、室外的区域划分和材料投放；提升教师的观察能力，使环境创设和布置都尊重幼儿的发展需要，与幼儿形成良好的互动关系；充分利用一切的教育资源，为幼儿营造更适合的成长环境，让幼儿成为环境的主人。

对己有环境重新审视

　　随着课程建设的不断推进，教师观察角度的转变、观察意识和分析能力的提升，我们开始重新审视自己创设的活动环境。

一、环境创设的观念存在偏差

通过自我审视发现，我们普遍预留出很大空间专用于集体活动和摆放桌子，剩下来能作为区域游戏使用的空间小得"可怜"。这样的布局严重限制了幼儿的自主活动，缺乏流动性和连贯性，局限了幼儿的活动，无法满足幼儿真游戏的需求，如图1所示。

图1　室内大部分场地区域布局狭隘、区域游戏使用空间少

二、墙面、走廊等区域缺乏明确的预见性

教师对班级墙面、走廊等大面积需要再创造的区域难以做到有明确的预见性。

（1）墙面环境单一，与幼儿互动性弱，相对贫乏和单调，显得简陋、粗糙，缺少教师的再创造，幼儿无法真正参与进去，如图2、图3所示。

图2　材料单一互动性弱

图3　文字内容过多

（2）墙面环境虽然以图文并茂的方式展示，但文字内容过多，看似体现环境的丰富性，却未真正完整考虑幼儿年龄发展特点。如图4、图5所示。

图4　教师主导性强　　　　　　　图5　点缀性质较强

（3）墙面环境由教师包办占主导，即使有幼儿参与，也仅限于将幼儿的作品拿来作为环境的点缀，使幼儿的思维和行为依附于教师。

（4）很多教师在进行班级环境设置时，把所有与幼儿有关或幼儿喜爱的物品都堆砌在墙上，装饰得工工整整、方方正正，以此来显示环境的丰富性，而忽视了其实用性和探索性，如图6所示。

图6　缺乏实用性、探索性

（5）走廊环境虽以植物点缀，使环境更加鲜活，但缺乏立体感，材料较少，内容不丰富，幼儿互动性体现较少。

三、区域材料投放缺乏科学性和合理性

环境创设中所用材料相对贫乏和单调，美观、豪华的成品材料偏多，半成品和低结构材料较少，如图7、图8所示。

图7　环境创设材料　　　　　　　图8　成品材料偏多

教师的思考：

环境作为一种显性教育和隐形表达的重要教育资源，越来越受到关注和重视，它也直接影响幼儿在园的成长与发展。要使幼儿在活动中能更加深入，高质量地游戏与学习，必须为幼儿创造适宜他们自主活动和自我表现的环境，即为幼儿创设一个开放性的环境，改变势在必行。

借助评估量表对室内环境进行改造

一、针对现状，提出问题，如图1所示

自己创设的环境，是否合适幼儿？怎样让环境为幼儿的游戏服务？怎样科学地投放游戏材料，以满足幼儿的发展需求、激发幼儿的创造潜能？如何让主动、自主真正在这个环境中体现？班级已创设的环境与幼儿之间是否发生了积极互动？等等。

图1 环境改进步骤

二、带着问题，分步实践

第一步：寻找到合适的评价依据——《幼儿学习环境评价量表》

《幼儿学习环境评价量表》是美国幼教协会通过三十年的实践研究制定的课程改革工具，是目前世界范围内运用最广泛，也是最值得信赖和有效的教学评价体系。香洲教育幼儿园教师借助该评价量表，通过小组研讨的形式对班级环境进行规划，通过理论学习，共同打造适宜幼儿生活学习的班级环境，从放松安抚的环境、日常照料游戏和学习的设施、私密空间、空间设施等方面入手，确定适宜幼儿的空间环境及发展目标。

第二步：班级内自我环境评估，及时发现存在问题

从室内空间环境着手，对教室各区域进行合理布局，丰富游戏材料，每个

班级的教师针对自己班的情况自查材料、自我评估，并结合《3-6岁儿童学习与发展指南》进行分析。

第三步：实践调整环境布局和材料，进行组内相互评估

教师集中研讨结合评价量表反思并罗列在室内环境中每个班级存在的不足，进行级组的互相评估和打分。

实例分析：以小班级组环境评估为例。

第四步：每个班实地观察幼儿游戏情况，及时对环境创设的问题及调整策略进行归纳（表1）

表1 环境设置常见问题及调整策略

环境类别	墙饰	主体	区域材料	区域划分	材料玩法
存在问题	1.墙面上一些画面精品只求美观。2.缺乏童趣和童真，过于成人化，不能引起幼儿的兴趣和注意。	1.环境创设不能体现主题的内容。2.创设的墙饰不蕴含教育价值。3.环境不具可变性，不能随主题变化调整。	1.区域材料要体现年龄兴趣特点。2.区域材料要新颖、丰富。3.没有设想好游戏玩法。4.材料要适合不同层次的幼儿。	1.区域划分不太合理，之间没有留通道，不方便幼儿游戏。2.动静区域没有分开，相互影响，未达到良好的效果。	1.区域材料比较单一，区域中没有仿真玩具。2.开放性材料比较少，让幼儿动手创作的材料缺乏。
需改进方面	在班级墙面粘贴幼儿作品及照片，让幼儿感受到他们是环境的主人。	师幼共同参与，教师完成大框架，给幼儿留有空白，给幼儿想象创作的空间。	班级积木区要投放如娃娃之类的配件；美工区丰富半成品材料；阅读区增加生活行为习惯的书籍。	将图书区、蒙氏区及美术区和娃娃家、小厨房及益智区用柜子或挡板隔开，互不影响。	区域增加开放性材料，例如小珠子、小棍子、气球等材料，激发幼儿的想象力和创作力。

第五步：区域的重新划分和调整

1.区角及主题环境创设的调整

（1）调整前：区角玩具柜基本都在墙壁周围，桌椅在中间，对于动静和功能搭配的合理性考虑不够，幼儿的自主活动受限。如图2、图3所示。

图2　桌椅在中间

图3　玩具柜在墙壁周围

（2）调整后：考虑到幼儿的活动所需，区角的划分按照材料性质以不限制区角功能为前提。同时，借助地毯或地胶建立了划分区角的视觉界限。

①图书区与娃娃家及小厨房分隔开，动静分开，如图4所示。

②区域合理划分，留有自如活动的通道，如图5所示。

图4　动静分开，功能性划分明显

图5　增设活动通道

③增设私密空间，让幼儿在游戏中有独处的安静角落，如图6所示。

④创设美发厅，鼓励幼儿自主游戏，如图7所示。

⑤合理利用角落，用柔和的色调安抚情绪，如图8所示。

图6　增设私密空间

图7　创设美发厅

图8　用柔和的色调安抚情绪　　　　图9　以柔和的色调来布置娃娃家区域

2. 墙饰环境的调整

（1）调整前：教师主导较多，以求美观或陈列幼儿的美术作品为主，如图10所示，不能引起幼儿的兴趣和注意，幼儿没有与环境发生较好的互动。

图10　陈列幼儿美术作品的墙面环境

（2）调整后：环境以幼儿为主，内容多能体现幼儿在活动当中的探究过程。

例：小（5）班绘本课程。

① 小班的绘本《贪吃的小男孩》活动，从课程的发起到幼儿感兴趣的阅读，从寻找生活中豆子的神奇魔法的活动记录再到幼儿实践+想象（绘画：豆子变屁屁），整个墙面完成呈现幼儿活动中的探索路径，也成了幼儿餐间休息间隙驻足观赏讨论的话题点。如图11至图14所示。

图11　记录话题内容的墙面

图12　记录活动开展过程的墙面

图13　记录家庭亲子活动开展情况

图14　贴近幼儿实际生活的内容引发交流讨论

②孩子们的悄悄话、新发现，如图15所示。

③将幼儿的立体作品陈列出来便于幼儿根据自己的创意和想法随时补充或者创新作品，如图16所示。

图15　幼儿的悄悄话

图16　幼儿的作品展示

④展示近期班级发生的热门讨论事件，让幼儿对最近学习生活进行有效回顾，如图17、图18所示。

图17 近期班级热门事件讨 图18 走廊环境立体化、丰富化、
论的记录呈现 实用化

⑤ 合理利用走廊的空间，依据幼儿自创的棋类游戏玩法，专门制作棋类区。

3. 活动材料的调整

（1）调整前：材料种类比较单一，代替物品和复制品比较多，如图19所示。

（2）调整后：增添了许多生活当中的真实物品，同时为了贴近幼儿生活，增加了许多辅助性材料，调整了材料种类为开放性材料甚至原生态材料，如图20所示。

图19 活动材料调整前 图20 活动材料调整后

① 在区域中投放仿真或者真实材料。

② 区域中增加鞋盒、小木桩、石子、贝壳等开放性材料，如图21所示。

图21 新增活动材料

第六步：班级环境调整后再次评估（表2、表3）

组内成员再次集中讨论调整后成果，分享交流心得，进一步优化游戏材料的摆放。

表2　环境评估

项目名称	分值	备注
教室	6	
家具设备	6	
卫生间	4	
午睡空间与设施	5	
活动区角	6	
安抚与独处空间与设施	6	
环境装饰与幼儿作品展示	4	增加幼儿立体作品
体育/户外活动场地	5	
体育/户外活动设施器材	6	
满足教师需求的空间与设施	6	

表3　小（1）～小（4）班环境评估

室内环境	分值			
项目名称	小（1）班	小（2）班	小（3）班	小（4）班
教室	3	3	3	3
家具设备	5	4	4	5
卫生间	5	5	5	5
午睡空间与设施	5	5	5	5
活动区角	5	5	5	5
安抚与独处空间与设施	4	5	5	4
环境装饰与幼儿作品展示	5	5	5	6
体育/户外活动场地	4	5	5	5
体育/户外活动设施器材	5	5	5	5
满足教师需求的空间与设施	6	6	5	6

生成评估体系作为观察幼儿与环境互动的依据

如何了解环境是否真正满足了幼儿的需求和兴趣，激发幼儿的构思、想象和创造，使幼儿真正成为环境的主人呢？我们认为对环境的评估十分重要。而对于环境的评估，应当在幼儿活动当下的情境中去进行。

一、合理投放材料、划分区域，促进幼儿主动探索积极性

在班级初期环境创设时，班级投放材料有积木、万能工匠以及各类塑胶玩具。幼儿自由拼搭创意无限，拼搭出各种玩具，如汽车、飞机、轰炸机、大炮、坦克等，如图1、图2所示。

图1　幼儿自主构建飞机　　　　　图2　幼儿自主构建轰炸机

但当幼儿提出新想法，想构建停车场、动物园、飞机场时，如图3至图6所示，原有材料已无法满足幼儿的需求，而局限于书包房的空间也无法满足幼儿的无限遐想和创造。

通过与幼儿的共同讨论，把积木区从狭小的书包房调整到后阳台，并增添纯木积木和小木桩、激发其意图的各种材料。例如，小汽车、恐龙、娃娃、泡沫箱等这些开放性材料能更好地满足幼儿自由玩耍的需要。

图3　幼儿自主构建停车场（1）

图4　幼儿自主构建停车场（2）

图5　幼儿自主构建动物园

图6　幼儿自主构建飞机场

二、以幼儿为本位，在自主活动中营造轻松的活动氛围

教师要站在幼儿的角度去创设环境，为不同年龄的幼儿提供不同材料：中、大班幼儿知识经验丰富，想象思维能力提高，可多提供半成品或一物多玩的游戏材料，这样有助于增强幼儿的主动性、创造性；小班幼儿要提供形象鲜明、具体生动且能看到结果的游戏材料，以激发幼儿的学习兴趣。玩具材料的体积要大、颜色要鲜艳、形象要生动，使幼儿见了玩具材料就能产生强烈的游戏愿望。

幼儿的成长离不开生活化的环境，我们在"娃娃家"投放了多种形象生动的木质动物。幼儿为动物们做饭，喂它们吃饭，模仿教师演木偶戏，这时木质动物们就成了木偶戏的主角。木质动物的投入，使幼儿参与更投入。

三、教师有效观察，可以让幼儿在更适宜的环境中成长

（1）在幼儿需要帮助时及时到位，确保自主游戏顺利开展。在游戏中教师要有敏捷的思维和敏感的意识，在幼儿左右为难的时候及时给予幼儿一些必要的、正确的帮助。

（2）在游戏后及时反思，为材料调整提供依据。

在细心观察之后，教师所应该做的工作就是及时进行记录和反思。把观察的情况书面化，然后针对收集的情况进行反思，对环境材料做出调整。

（3）在多次游戏中总结经验，为幼儿创设更适宜的环境

在多次的幼儿自主游戏之后，教师就可以更加了解幼儿的游戏特性，对于幼儿在游戏中的各种情况，可以做到应付自如，让幼儿及时得到高质量的保障，这是对幼儿自主游戏最好的支持，教师应提供合理的对策、正确的应对、有效的处理、恰到好处的帮助，如表演区教师在初期提供了服装、舞台给孩子们去游戏和演绎，如图7、图8所示。

图7 表演区游戏道具的呈现　　　　　图8 表演服装

随着幼儿对戏剧的逐步了解和对表演的热爱，教师发现幼儿游戏的花样越来越多，尤其是爱美的小女孩，于是增添了更能满足幼儿表演欲的实物，如化妆品、化妆台、饰品等，让幼儿更贴近生活地表演和创造，如图9、图10所示。

图9 正在给班上的男老师　　　图10 正在给班上的男老师
　　　　装扮的孩子（1）　　　　　　　　装扮的孩子（2）

只要教师给予幼儿充分自主发挥的空间，幼儿一定会带来一份惊喜。当教师在一旁观察幼儿活动时，被幼儿"逮"了个正着。他们不仅对自己和同伴进行装饰和表演，而且期盼着教师的共同参与。

以幼儿为主体的室内环创案例

在多年的实践当中，香洲教育幼儿园教师深刻意识到环境对于幼儿成长的重要意义，只有保证幼儿游戏的权利，尊重幼儿游戏的意愿，让幼儿自主选择游戏的内容，才能使幼儿获得满足和发展。

通过对室内环境的自查、级组研讨整合，香洲教育幼儿园教师总结归纳出科学创设幼儿学习发展环境的策略。下面从以自然材料为主的室内特色环境和以"五大区域"为主的室内环境两方面的优化来进行介绍。

案例一：与自然材料的美丽邂逅

（1）以自然材料为主的教室环境。原木桌椅，搭配墙面温和颜色和纯天然丝巾营造温馨的氛围。温暖的颜色、轻柔的色调最能保护和滋养幼儿的细腻及尚在发展之中的感官，允许他们的眼睛平和地休息，简单的颜色也让墙上造型简单、色彩淡雅的羊毛画以柔和的方式散发光彩，充满着律动与深度，给予幼儿充分想象的空间，如图1所示。

图1 温暖色调为主的室内环境

（2）给孩子提供天然的艺术材料，不使用塑胶的人工制品。来自大自然的天然色彩能发展幼儿的想象力和创造力，幼儿随时都准备打开心灵吸收那一切。天然艺术的材料，如木头、竹子、石头、贝壳、真丝、羊毛、天然染料、棉麻制品等比起现成的现代化学合成制品更安全、更具有可塑性，简单的材料给幼儿更大的发挥空间，因为简单粗糙，所以需要动手创造完善。

图2 幼儿正在用自然材料进行的自主性活动

　　小（3）班的幼儿尝试用自然的原木材料进行自主游戏后，游戏水平越来越高，也使我们发现了自然材料的魅力和美丽，如图2所示。

　　（3）打造适合幼儿共同生活的居家环境，如图3所示，有意识地建构起"家"的真正意义。对于幼儿来说家具有遮风挡雨的功能，家庭里充满着安全、爱以及稳定的生活节奏；在家中生活，幼儿可以感觉到自己受到认同，并在熟悉的世界里安心成长。

图3　打造适合幼儿生活的居家环境

　　（4）教师也是环境的一部分。教师在与幼儿沟通时，时时处处轻声细语地说话，让人舒服温暖，如图4所示。我们要给予儿童的最好环境是：以我们自身为桥梁，使幼儿能遵循各自的命运来进行自我教育，这是教师对幼儿应有的态度。相信孩子们，他们可以的。

　　（5）一年的节律会通过不同季节的体验来传载，季节是感知自然生活教育的重要元素。一个季节的"花园"与室外大自然一年四季的变化是和谐一致的。通过一年的往复，鼓励幼儿与时间飞逝形成鲜明的联系。

图4　教师穿上围裙给幼儿一种脚踏实地劳动的形象作为榜样

　　（6）节日庆典环境创设，不但可以让孩子在特定的日子表达感情，享受到他们期待的欢乐和喜悦，也让幼儿对生活充满美好的期盼和向往，如图5至图9所示。

图5　端午节庆典（1）

图6　端午节庆典（2）

图7　端午节庆典（3）

图8　中秋节庆典　　　　　　　　图9　新年活动庆典

（7）不断优化的外部环境。最好的环境其实就是适合幼儿的环境，适合幼儿的环境应该是真正行动上的以幼儿优先，让环境能跟幼儿真正互动起来，幼儿正是在这种空间环境下，在自由探索中体验自己是一个有能力的人。

①外墙环境。外墙环境以幼儿的亲身体验为主，逐渐让幼儿跟环境充分地互动起来，如图10至图13所示。

图10　动手种种植物，观察植物的　　图11　外墙记录了孩子们观察小动
　　　　生长　　　　　　　　　　　　　　　物、小植物的生长过程

图12　外墙使孩子们每天都有新发现　图13　外墙记录着孩子们的成长故事

②区域材料。在区域材料的投入上，我们以纯天然的开放性材料为主，充分照顾到每一个幼儿的需求。这样的环境就像是一个家，每个家庭成员都是这

个家的主人，幼儿在这样的环境中进行游戏和探索。他们不仅各方面能力得到了充分的发展，同时在这个过程中收获了自我成长的各种要素，如图14至图17所示。

图14　区域环境材料纯　　图15　材料纯天然、健康、有生命力使孩
　　　天然的、开放的　　　　　　　子们的想象力和创造力更丰满

图16　幼儿在自主性活动中享受　　图17　幼儿相互交流中
　　　着相互交流的乐趣

③家园合作创设更优环境，支持幼儿自主游戏发展，如图18至图21所示。

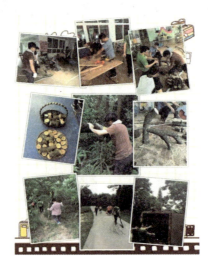

图18　家长自发上山挪用断树枝
　　　为班级环境所用

鼓励幼儿把对于区域建设的想法分享给家长，带动家长主动帮助寻觅更适合的"新玩具"。

很明显，在教师和家长的合力支持下，幼儿的创想也越来越丰富，游戏水平也越来越高。

图19　幼儿自主创设的动物园　　图20　幼儿自主创设的博物馆　　图21　幼儿自主活动的私密空间

当幼儿的自主活动遇上了自然材料，会惊喜地发现，幼儿和各种自然材料会擦出各种形态的火花。教师抱着观察幼儿、解读幼儿的态度，希望能更了解幼儿的需求，以便有更多能量支持幼儿走在自我发展、自我成长的人生道路上，让他们成为像他们自己那样独特又幸福的人。

案例二：以"五大区域"为主的室内环境

有意识地为幼儿创设有准备的环境，让环境"说话"，让环境活起来，发挥幼儿与环境互动的作用。通过良好的整体及区域环境的准备、生活环境的创设，有效地促进幼儿各方面能力和意识的发展，真正做到环境为幼儿服务，达到环境育人的目的。

根据本班幼儿的不同发展水平，将整个活动室调整为家庭、积木、玩具、艺术、图书五大区域。

1. 家庭区，如图22至图24所示

家庭区是幼儿最喜欢的区域，进区人数也最多，调整前的家庭区被玩具柜和布条隔断，仅有的一个小出入口让"娃娃家"成了相对私密的空间，被小朋友"冷落"。

开始调整：拆除蓝色布条，移开两个玩具柜连通上下阁楼，对家庭区进行了全面的

图22　调整前的家庭区

扩大以容纳更多孩子。

图23　调整后的家庭区

图24　幼儿可以在阁楼下生火做饭，在阁楼上休息聚会，家庭区更有了家的味道

2. 积木区，如图25、图26所示

调整前积木区取名建构区，设置在书包房内，提供泡沫塑料积木，铺泡沫地板。

活动中发现：位置偏离幼儿活动中心，材料单一和功能化，进区游戏人数不多，久而久之成了堆放材料的地方。

进行调整：

首先，从位置上调整，将积木区从书包

图25　调整前的积木区

房搬到了距离家庭区较近的阳台，幼儿在玩的时候可以很自由地在两个区域间流动，从而实现了区域和材料的共享。

其次，投放多元、开放、自然生态的材料，如木桩、鹅卵石、玉米梗、竹帘等，用大块木板做地垫，使积木区呈现出了别样的生机与活力。幼儿在建构时有了更多的创造，思路也开阔了很多。

最后，将木盒小沙池也充分利用起来，降低木架的高度，并投放了锯木灰和小型木质建构套装玩具，这样进一步满足了幼儿的个别化需要。

3. 玩具区，如图27至图30所示

调整前，因考虑到很多玩具属于桌面
操作型，因此将玩具区设置在了靠近桌子的
位置，便于幼儿取放和操作。教师发现真正
游戏时，选择玩具区的人却很少，反而在其
他生活环节，总有小朋友去玩玩具柜上的
玩具。

图26 调整后的积木区

图27 调整前的玩具区（1）

图28 调整前的玩具区（2）

玩具区的调整：将玩具区设置在了教室的电视柜附近，因为这块地比较
空，用玩具柜隔断后，形成了一定的区域空间，同时铺上原先积木区的泡沫地
垫，让幼儿玩的时候有更充足与宽松的空间。实践证明效果还是很明显的，在
自主游戏时，进区玩的幼儿更多了。

图29 调整后的玩具区（1）

图30 调整后的玩具区（2）

4. 艺术区,如图31至图33所示

艺术区让绘画和手工与造型中心有了连接,这样小朋友在玩的时候,取材更加方便,互动性更强。

材料柜稍做了调整,以便于更好地与手工操作区域的材料进行共享。在区域特色上增加了大幅的白色丝绸凸显艺术气息。

图31　调整前的艺术区(1)

图32　调整前的艺术区(2)

图33　调整后的艺术区

5. 图书区,如图34、图35所示

图书区相对要求有比较独立和安静的空间。初期用了阁楼上的一半空间,发现幼儿很喜欢在阁楼区间探索,即使营造出了安静的书香氛围,也免不了高声聊天和嬉闹。不一会儿,阁楼上就变成了幼儿游戏的娃娃家,出现了各种假想游戏,显得格外热闹。即使原本在看书的幼儿,也很自然地就加入

图34　调整前的图书区

了其中。

调整后，将图书区设置在了相对安静和离活动室较远的书包房，增加了书架及书本的提供。另外还投放了很多抱枕，让幼儿可以很适意地进行阅读。

图35　调整后的图书区

6. 班级过道的更改与调整，如图36所示

取消大片的集体教学空地，将材料柜从阁楼下移动出来，取消其隔断、遮挡的作用，转而放置在了教室偏中间的位置。材料柜两边打造出了双通道，与教室前半部分相连，前后又将玩具区和娃娃家有效隔断。

图36　教室环境的通道设计

打造室外生态环境，编织游戏新天地

幼儿与大自然有一种天生的亲近感，室外环境能满足幼儿对大自然的向往。幼儿在室外会把自己从成人的期望与自己的不确定中解放出来。此时，幼儿较少受到限制约束，能够自由地进行活动，以自己独特的方式认识世界，独立自主地去解决问题。这不仅增强了幼儿熟悉和控制环境的自信心，同时开阔了幼儿的视野，为幼儿的发展提供了更广阔的空间。香洲教育幼儿园在园所外环境的创设下，不断根据幼儿自主活动时的需要进行修改、调整，以适应幼儿的游戏发展。

一、整齐有序的材料收纳与摆放是幼儿自如游戏的先决条件

幼儿园的户外场地区域较多，器械的整理也是一大难事。我们把器械依据功能、材质、使用方法进行了划分、归类，按场地进行摆放，让幼儿知道自己在这个活动区域能做什么、怎么游戏……环境的无声教育往往比教师直接指导来得更加有效，如图1至图4所示。

图1　幼儿园建构游戏区域（1）　　　图2　幼儿园建构游戏区域（2）

图3　幼儿园建构游戏区域（3）　　　图4　幼儿园建构游戏区域（4）

　　建构区域的材料多且杂，由于体积较大，所以采用大筐分类安置。活动开展前教师将材料一一摆放在地面，便于幼儿取放；活动后一同收拾整理，做到物品归位、有名有家。幼儿园环境是一种无声教育的存在，建构游戏对幼儿的认知具有激发性，使幼儿处于积极的探究状态；在各种尝试中使用材料、发现问题和解决问题，从而获得对世界的认识，如图5、图6所示。

图5　幼儿园体能运动区域（1）　　　图6　幼儿园体能运动区域（2）

　　幼儿园的户外活动应是丰富多样的，挑战的程度也应该呈螺旋式上升。在这个区域里，跨、跳、钻、滚、爬，样样兼备，难易程度任意选择，所以，想挑战的你……来吧！如图7、图8所示。

图7　角色游戏区域（1）　　　　　图8　角色游戏区域（2）

　　宽阔的操场是幼儿进行安吉游戏的场所，幼儿利用各种材料完成自己的游戏设想，或高或低，或爬或钻，不断挑战自己的创造力与执行力，如图9至图12所示。

图9　户外体能游戏区域（1）　　　图10　户外体能游戏区域（2）

图11　户外体能游戏区域（3）　　　图12　户外体能游戏区域（4）

　　把相同的材料放在一起，并根据取放的难易程度进行定位。重的放在最底层，轻的放在最上层，既能保护幼儿的安全又能起到锻炼身体的作用，如图13、

图14所示。

图13　材料摆放小窍门（1）　　　图14　材料摆放小窍门（2）

二、打造室外生态环境，构建隐形课程体系

如果能让幼儿一年四季都看到美丽的色彩，闻到各种花草的香味，就有利于促进幼儿的视觉、嗅觉、触觉的发展。为此，我们的幼儿园里随处可见植物，如图15、图16所示。让幼儿在学习生活中学会照顾植物、了解生命的神奇过程也是一项重要的隐形课程。

图15　不同形式的植物架（1）　　　图16　不同形式的植物架（2）

1. 秘密花园

在"秘密花园"中，如图17所示，采桑叶，观察桃子、杨桃、桑葚、鸡蛋果、芒果、米蕉的生长过程，在自发照顾植物的过程中，了解它们的生长习性。

2. 在种植园劳作耕种、创造收获

为了满足幼儿亲近自然、乐于劳作的需要，我们在生态园开辟出一块块的小田地。

我们为幼儿提供了土地、锄头、种子等工具，让幼儿亲身体验耕种，在这样的过程中幼儿不仅了解了四季与农作物、各种植物之间的关系，还增加了知

识、培养了协助能力，如图18至图20所示。

图17　生态园——"秘密花园"

图18　种植的胡萝卜

图19　幼儿收获自己耕种的苋菜

图20　幼儿给幼苗浇水

小小的种植园地，带动了多少生活课程的衍生；激发了多少活动的热情，如图21、图22所示。自主，不仅是行为上的解放束缚，更是思想观念上的开放。

图21　幼儿收获自己种植的胡萝卜

图22　幼儿清洗从菜地收获的青菜

3. 小池塘的改造

生态园里的小池塘是幼儿最为喜欢的自然科学课堂。在这里，幼儿能认识许多鱼类，慢慢了解一些喂养知识，还可以进行动作训练——捞鱼、抛掷鱼食，长此以往，不仅幼儿的动作变迅速了，鱼儿们面对危险时的心态与应变速度也得到了提升，真是一举多得。

只是问题来了。在设计小池塘时，为了美观，周围种了一圈葱兰，一到花开季节，随风摇曳；可是孩子们为了捞小鱼、抓蝌蚪、放纸船，经常会忍不住踩来踩去，致使花草破败不堪，如图23至图25所示。

面对现状，我们决定一切以幼儿的需要为前提。既然花草影响了幼儿的游戏和活动，那就将这一片花草移植到其他区域，在池塘四周填上石板，让幼儿能更好地亲近自然。这样一来，幼儿玩得更开心了，对于活动的探究热情更加高涨，如图26所示。

图23　生态园过道的葱兰

图24　鱼塘旁边的小草

图25　鱼塘边所剩无几的小草

图26　第一次调整后的鱼塘边植的胡萝卜

但是调整过后，发现了新问题。为了和池塘里的鱼儿亲密接触，幼儿时常跪坐在石地板上活动。长此以往，对幼儿膝盖发育不利，于是我们最终把池塘四周的石板更换为木地板。

当自然环境和幼儿的自主活动越来越和谐，幼儿也从中收获更多快乐，创造更多属于他们的奇迹。

4. 不断优化的"动物之家"

经常会有家长送来一些小鸟，保安叔叔何文保会把它们挂在小花园的凉亭上，幼儿都喜欢去逗小鸟，亲近小动物是孩子的天性，如图27至图29所示。

图27　与小鸟互动的孩子们　　　图28　攀爬柱　　　　　图29　打水

不仅小鸟受到孩子们的关注和喜爱，原本在班级驻足的兔子，我们也给它在生态园安家了。因为动物种类增多，我们索性增设了"动物之家"，从此，孩子们自主活动的内容又多了一项，就是给小兔子喂食，与小兔子"对话"，如图30所示。

图30　给小兔子喂食的孩子们

小兔子慢慢长大，孕育出了兔宝宝。幼儿还热情地把家里的仓鼠、松鼠、鹦鹉带来，小小的"动物之家"，如图31所示，已不能满足动物们的生活需要，于是我们扩建了一个大房子。幼儿能开门进去给小动物喂食，照料起来也更加方便。更开心的是，幼儿可以全方位地观察小动物的生长。

图31　新的"动物之家"

5. 见证"吊桥"到"沙池"的改变历程

生态园的另一头是幼儿的另一片运动小天地，在这里可以锻炼身体平衡能力与协调能力，夏天可是避暑的好去处。由于长年不见阳光，地板上长了一些苔藓，走起来湿湿滑滑的。

为了给幼儿提供一个更为安全的游戏环境，我们采购高质量的白沙填在池内，提供

图32　改造前的"吊桥"

玩沙工具及大小不一的PVC管等给幼儿进行游戏，游戏的材料丰富程度能激发

幼儿对材料的创造性与想象力，如图32至图36所示。

图33　PVC管

图34　改造"沙池"

图35　改造后的"沙池"

图36　为热爱军事的孩子打造的CS基地

　　幼儿的教育，是不脱离生活的教育。幼儿的兴趣也一定缘于生活的启迪，幼儿园的每一寸土地都为幼儿的游戏学习而开发。幼儿在游戏中成长，在游戏中获得思考与解决问题的能力，远比课堂上的"1+1=2"来得更有趣味与有意义。

6. 神秘的"探奇山洞"

　　每一位孩子都是一个冒险家。为此，幼儿园适时地提供一些探索性强并富有神秘感的场所让幼儿嬉戏，这样无形中会增加幼儿的自信心与成就感。但在观察中发现，年龄偏小的幼儿在山洞里有时候会被吓哭。为了使山洞不再是黑漆漆的一片而造成恐怖感，于是，我们在山洞里面涂鸦有趣的图画，令

图37　生态园的山洞

山洞更富有童趣，让幼儿如同置身于童话世界，如图37所示。在这里，每逢佳节，幼儿都会主动要求到此一游。因为他们亲手制作的柚子灯、橘子灯可以派上用场了，提灯探索山洞内的秘密对幼儿而言似乎更有意思。这里带给幼儿的

是全新的、不可复制的一种神奇感受。

7. "自由天地"——康乐园

康乐园是户外自主活动中幼儿尤为喜欢的场所。这里自由、开放，放眼望去，处处都是他们可以嬉戏玩闹的"朋友"，如图38所示。

随着课程的改革，幼儿自主能力的提升，我们逐渐把主动权交给幼儿，让幼儿利用最原生态的材料去完成他们的游戏活动。为了满足幼儿在这片自然乐园的主动探索和积极游戏，香洲教育幼儿园也在随着幼儿的需求不断调整，许多的设施设备都在不断地更新、替换。

图38 康乐园

绿荫中安置一栋小木屋，如图39所示，仿佛童话故事里的情境再现，男生、女生又会怎样利用这场景创造出怎样的游戏；爱听故事的幼儿又会迸发出怎么样的想象翅膀，会描绘出怎样的童话梦境……这是我们期待并渴盼的。

图39 改造后的小木屋

这片乐园原本绿草茵茵、美观雅致。但是幼儿显然不欣赏这样的美景。他们纵情地在这片草地上奔跑，在大树上攀爬，用各种枯木做跷跷板，挖小草做青菜汤……慢慢地，绿草地消失了，如图40、图41所示。

图40 正在挖小草尝试做饭的幼儿（1）

图41 正在挖小草尝试做饭的幼儿（2）

发现幼儿的需求，顺应幼儿的发展，积极配合幼儿的自主游戏，提供支持是教师需要做的。为此，我们放任了这片草地寸草不生，更是提供锅、碗、瓢、盆等生活用具，让幼儿在此尽情游戏，并在观察幼儿游戏的过程中不断增

设新的材料，满足幼儿在原生态的环境中探索、冒险的愿望，让康乐园真正成为幼儿的乐园，如图42至图50所示。

图42 康乐园一角——消失的绿草地（1）

图43 康乐园一角——消失的绿草地（2）

图44 康乐园一角——消失的绿草地（3）

图45 不断调整的康乐园各个角落（1）

图46 不断调整的康乐园各个角落（2）

图47 不断调整的康乐园各个角落（3）

图48 不断调整的康乐园各个角落（4）

图49 游戏的幼儿（1）

图50 游戏的幼儿（2）

环境的规则被打破，许多问题也会接踵而来。游戏后的用具清理、归纳摆放是一个大问题。我们添置了几个大筐收纳锅、碗、瓢、盆，如图51、图52所示。种年橘的大花盆被能干的保安叔叔何文保做成了一个好用的清洗缸，大大提高了幼儿清洗、收拾与整理物品的积极性。

图51　康乐园内引水　　　　图52　康乐园内引水装置（2）
装置（1）

新的清洗缸安放在泥地上，每次清洗幼儿的鞋都沾上了泥巴。

于是，我们又进行二次调整，把周边的泥地变成了木板，如图53至图56所示。

图53　康乐园内引水装置改造（1）　　图54　康乐园内引水装置改造（2）

图55　游戏器皿的收纳（1）　　　图56　游戏器皿的收纳（2）

8."梦想工厂"——木工区，如图57至图61所示

木工区的游戏是幼儿最期待、最热衷的游戏。因为在这里，可以碰触平日里不被家长允许接触的工具。其实，只要给幼儿机会，我们都会发现，幼儿的能力远超我们预期。他们在练习中慢慢地学会使用不同的工具，掌握了方法，并能指导同伴操作。在不同的木板的切割、组合中，一件件富有想象力的作品诞生。木工区，这是一个属于幼儿的"梦想工厂"。

图57 木工区改造前

初期的木工区打造了置物架用于放置幼儿操作的工具，但陈列比较混乱，如钉子等工具比较容易滑落于地面，不安全。木质的放置架和操作台，在潮湿天气里比较容易发霉。

在木工区改造中，我们为木质放置架和操作台涂清漆、添置整理箱并贴标签图示，放置架被改造成展示区，展示半成品或成品。

图58 木工区改造后（1）

图59 木工区改造后（2）

图60 在木工区自主工作的幼儿（1）

图61 在木工区自主工作的幼儿（2）

幼儿乐此不疲地钉钉子、锯木块，设计自己的作品。当操作越来越熟练，肢体越来越协调，成品越来越丰满，幼儿也收获了更多的满足感。

环境建设是幼儿园教育最重要的课程资源。我们应当充分挖掘和利用幼儿生活环境中的教育因素，并创设幼儿与环境积极作用的活动场景。通过教师的观察，发现环境与幼儿互动的适宜性，把环境因素转化为教育因素，积极调整以适应幼儿的需要，更有效地帮助和推进幼儿的发展。

第六章　家园共参与，构建新课程

　　家长是幼儿园的重要合作伙伴，课程的建构、组织、实施和评价都应充分发挥家长的资源优势和创新智慧。香洲教育幼儿园通过丰富多彩的家园共育活动，寻求家长与教师的合作，让家长更多了解、参与、体验，从而更好地推动园所课程的完善和创新。

家长参与管理，为幼儿园发展出谋划策

　　借力家长资源，就要让家长参与管理，从幼儿园管理的角度参与决策和思考。家长群是个庞大的群体，是一份丰富的、宝贵的教育资源。建立不同层级、丰富的家长系统性组织，如图1所示，在各自发挥功能的同时，相互交融，共献计谋，形成一股强有力的推动力以促进园所发展。

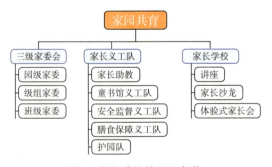

图1　家长系统性组织架构

　　例1：香洲教育幼儿园成立膳食保障义工队，采用定期家长陪餐、家长帮厨的方式鼓励家长参与幼儿园膳食管理，负责对食堂卫生、幼儿伙食质量进行评价和监督，并及时反馈园方，如图2、图3所示。

图2　家长们积极参与　　　　图3　陪餐建议清晰具体

　　在家长帮厨活动中，鼓励更多的家长义工参与幼儿园的食谱制定和制作，体验带量食谱制定的科学考究和各种膳食制作的流程，增加膳食管理的透明度，如图4、图5所示。

图4　帮厨的家长带来了多种创　　图5　制作完成的点心
　　　新糕点

　　此外，定期召开膳食伙委会，家长近距离参观、品尝幼儿园伙食，了解幼儿食品制作过程，提出合理化建议，共同参与幼儿园的膳食管理，保障和提高膳食质量，如图6、图7所示。

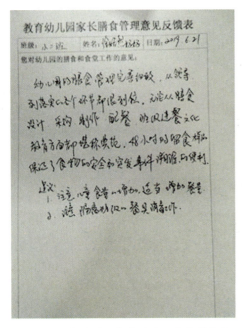

图6　合理化的建议促使膳食工作越做越好　　　　　　图7　家长建议记录

　　例2：在香洲教育幼儿园课程实施中，家长有权参与课程建设，积极发挥作用助推课程质量提升；通过体验式家长会，共同参与课程审议，探索课程模式，如图8至图10所示。

 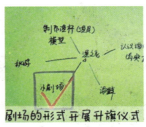 

图8　课程"渔女的传说"审议进　　图9　审议记录：以"渔"　　图10　记录审议有关渔文
　　　行中，家长们各抒己见　　　　　　文化线索展开　　　　　　化的课程

　　通过小剧场的形式展现珠海渔文化的发展资源，如探索捕鱼文化、保护海

洋。如图11至图13所示。

图11　在升旗仪式中家长 的助力　　　　图12　家长绘声绘色扮演　　　　图13　爸爸反串渔女表演

开展多形式家长学校活动，丰富家园共生课程

一、各级家委座谈会

在幼儿园，充分发挥优秀家委们的力量，各级家委在良好地组织和有序地运作下，成了家长学校的中坚力量；同时也使家长学校与香洲教育幼儿园的课程建设有机融合，实现家长与幼儿园的有效沟通，促进幼儿园规范管理，提升教育教学质量，如图1至图3所示。

图1　通过推荐、选举，园级家委参与幼儿 园管理、为园所发展建言献策，提供 多元化的教育支持

图2　庄严隆重的园级家委受聘仪式　图3　级组家委座谈会上家委们深入探讨家园工作具体安排和分工，为课程建设保驾护航

二、多形式一体化的主题式家长活动

多形式一体化的主题式家长活动是指围绕一个主题，请家长来园听专家的专题讲座，然后家长分成若干个小组针对活动进行讨论，如图4所示。该活动有助于家长在一段时间内多角度、全方位地了解幼儿园教育、幼儿园课程，也更能吸引家长深度参与到幼儿的教育中来。

图4　级组家委共同商议幼小衔接的活动内容

例如，幼小衔接是大班工作的一个重点内容。帮助幼儿做好升入小学的准备是需要教师、家长来共同努力的。首先，在级组长的带领下，召集大班组家委对幼小衔接工作进行交流讨论，梳理出幼升小的重点工作、开展的相关活动，如学习习惯培养、上小学的仪式感等。

为了家园同步实现"幼小衔接，快乐入学"，特邀专家做了专题讲座，如图5、图6所示，从不同层面介绍小学基本情况及如何培养幼儿良好学习能力、行为习惯、生活自理，针对家长困惑进行解答，富有感染力的分享深深吸引了各位家长。

图5 专家现身"幼小衔接"讲座 图6 专家现身"幼小衔接"讲座
现场（1） 现场（2）

接下来，各班进行了幼小衔接主题家长会。会议中，教师分享幼儿本学期的优势、弱势，同时提出需要家长配合的注意事项，并邀请往届毕业生家长现场面对面答疑解惑，如图7、图8所示。

图7 家长们认真倾听，并纷 图8 家长们认真倾听，并纷
纷做好笔记（1） 纷做好笔记（2）

家长会的召开，帮助家长们更好地了解幼儿园与小学在学习内容、生活节奏上的变化，知道从心理、行为、习惯上为幼儿做好升入小学的准备。家长们纷纷表示颇受启发，将会更好地和幼儿园一起帮助幼儿顺利完成由幼儿园到小学的过渡。

孔子说："不学礼，无以立。"在家委和教师的共同策划下，隆重的开笔礼仪式为幼儿开学启蒙，正衣冠、点将台、朱砂启智、开笔启蒙，帮助幼儿迈开学习的第一步。

为了让幼儿进一步熟悉、了解小学生活，利用往届家长资源，在家长志愿者的协助下，我们组织幼儿参观了香山和香华两所学校。幼儿通过亲眼观察小学生学习生活，亲耳聆听小学教师的绘本课堂，亲身体验做一名小学生的情

境，激发了对小学生活的美好向往，也为适应小学生活做好了充分的心理准备，如图9至图12所示。

图9　开笔礼仪式现场

图10　体验小学生上课

图11　家长们制作表演服

图12　妈妈们变身化妆高手，为毕业戏剧表演做准备

每到毕业季，幼儿都会为幼儿园献上一份珍贵的礼物——毕业树，当然少不了家长们的积极参与。献礼策划、精心挑选树木、准备工具、运输泥土以及种植都是家长们亲力亲为，并带领孩子们给种植的毕业树浇水施肥，寓意感恩和希望，如图13所示。

在整个主题活动中，家长们变身"多面手"积极参与其中，从活动的筹划、组织到实施融入其中，在不断发挥各自优势的同时，也拓展了主题的活动内容，为孩子们顺利进入小学奠定良好基础。

图13　众人抬柴火焰高，爸爸们齐心合力种下毕业树

三、菜单式家长沙龙

幼儿园在实现内部和谐的同时，也要考虑到教育涉及幼儿家庭的多样性、

家庭内容交互作用方式的个性化对幼儿产生的不同影响。菜单式家长沙龙可以满足不同家长教育幼儿的需求，达到幼儿园教育与家庭教育之间良性循环的轨迹发展。问卷回收后进行统计、分析、分类和归纳（表1），根据大多数家长的需要确定下学期的家长活动内容（表2），同时反馈给家长，让家长知道自己的意见被重视，进一步提高了家长参与的积极性，如图14至图21所示。

表1 问卷方式能清晰、整体地了解家长的需求

2018年上教育幼儿园大班组家长课堂调查问卷

各位家长：

您好，

父母是孩子的第一任老师，也是终生的老师，而高效的家园合作也一直为我园所重视。本学期，我们将开放家长课堂，以求在您们、我们与孩子间搭建一座稳固的桥梁。为了深入了解您的需求，促进家长课堂的有效开展，请您按自己的实际情况填写。谢谢！

1. 您的性别是（　　）

A. 男　　　　　　　　B. 女

2. 您的学历是（　　）

A.高中　　　　　　B. 本科　　　　　　C.研究生　　　　　　D.博士

3. 主要由谁来陪伴您的孩子（　　）

A. 父亲　　　　　　B. 母亲　　　　　　C. 爷爷奶奶或外公外婆

D. 全家人　　　　　E. 其他

4. 您愿意夫妻双方共同来参与家长课堂吗？（　　）

A. 愿意　　　　　　B. 不愿意

5. 多久一次家长课堂您觉得更合适？（　　）

A. 半个月一次　　　B. 一个月一次　　　C. 不定期

6. 本学期您愿意来参加多少次家长课堂？（　　）

A.1次　　　　　　　B.2次　　　　　　C. 两次以上　　　　　D. 一次都不愿意

7. 您更喜欢哪一种活动形式（　　）

A. 讲座式　　　　　B. 交互式　　　　　C. 体验式

8. 以下哪个时间段更方便您（孩子的父母）来参与活动？（　　）

A. 工作日的下午　　B. 工作日的晚上　　C. 周末的上午或下午

9. 您希望参加的活动有哪些

10. 您希望通过家长课堂收获哪些内容？您最想要解决幼儿教育中哪方面的问题？

11. 以下是本学期家长课堂的初步活动主题，请选择您喜欢的两项（　　　）

A. 幼儿自理能力　　　　　　　　　　B.绘本阅读

C. 建构游戏　　　　　　　　　　　　D. 简单生活之家庭韵律

E. 家庭游戏及有效互动　　　　　　　F. 自然生活系列——手工玩具

G. 家庭教育问题　　　　　　　　　　H. 自然生活系列——染布

推动世界的手就是推动摇篮的手，让我们共同学习，共同成长，共同进步！

表2　2017年下小班组家长课堂课程及人员安排表

时间	9月16日（周六）下午3：30	10月22日（周五）晚7：00	11月22日（周六）下午3：30	12月10日（周五）晚7：00	1月2日（周六）下午3：30
负责人	朱静、李璐、胡	李可然、胡旭东	蔡如玉、刘洋、胡旭东	朱静、安倩	汪世佳、万英
立题内容	经典教育，成就智慧人生	倾听孩子身体的声音	清晰幼儿敏感期，助力快乐成长	家庭游戏及有效互动	走近孩子——读懂孩子，走进心灵
活动形式	体验式	讲座、互动	讲座式	讲座式	体验式
活动时长	约60分钟	约120分钟	约60分钟	约60分钟	约60分钟
小一班					
小二班					
小三班					
小四班					
小五班					
总人数					

图14　茶话会总结

图15　"简单生活之家庭韵律"茶
　　　话会

图16　有趣的绘本分享带给家长们
　　　不一样的阅读体验

图17　积极探讨家庭教育问题

图18　手工制作

图19　制作的松果项链

图20　一起做流星沙包

图21　染布

四、亲子共学活动

为了让家长更深入地参与到幼儿的学习和生活活动中，发现幼儿的点滴成长，我们以幼儿园的大活动为切入口，开展了丰富多彩的亲子共学活动，让家长真正成为幼儿生活和学习的合作者、支持者。例如，节庆中的新年趁墟、端午庆典、每周一的升旗、运动会都是家长和幼儿共学的好机会，如图22至图25所示。

图22　每周一的升旗仪式中都有
家长们活跃的身影

图23　良好的亲子互动

图24　三八妇女节，所有的妈妈们和
幼儿一起体验生活的艺术美

图25　亲子活动中的家长助理团

实现"家—园"互动教育课程体系

一、"家长老师进课堂"——形成教育联盟

"家长老师进课堂"是加强幼儿园与家庭联系的重要方式之一。不同的家长进入课堂，不仅发挥了家长们的职能才艺，也对幼儿的课程有了更进一步地了解，如图1至图3所示。

图1　手工课堂染彩蛋

图2　家长牙医进到课堂

图3　亲子一起织蛋兜

二、充分挖掘家长资源，成立家长义工队，为课程有效实施保驾护航

家长义工们发挥所长，各司其职。例如，童书馆义工们不仅承担了每周的借书、还书工作，还积极为幼儿园的科创阅读节贡献力量，成为活动策划、实施的主体力量，如图4至图9所示。

图4　膳食保障义工进班级陪餐

图5　童书馆义工

图6　热情负责的家长护园队

图7　安全监督义工

图8　家长积极参与手
工活动

图9　童书馆家长义工们各自发挥自己的才能
精心设计了温暖的阅读环境氛围

三、建立有特色的家长资源库，形成系列特色课程

家庭、幼儿园是幼儿生活与学习的主要场所，不同职业、不同文化、不同兴趣的家长资源也可以成为幼儿园丰富的教育内容。

例：幼儿园"家长故事团"成立。

2019年4月1日，香洲教育幼儿园正式成立了"家长故事团"，共有团员58人。在4月科创阅读节期间，有14名家长故事团成员走进童书馆，

图10 一群特殊的"老师"正在绘声绘色地讲述着动听的故事

20名家长故事团成员走进班级，为幼儿带来最精彩、最动听的故事。故事团讲故事的形式丰富多样，有的家长运用手工指偶，增加故事的趣味性；有的家长运用可爱的动物服饰，以夸张的语言、表情表演故事，让幼儿在故事中获得信心、善良、勇气和学会感恩，如图10所示。

在老师和家长故事团成员的精心策划下，"科创阅读节"系列活动

图11 寻找最美朗读者现场

之"寻找最美朗读者"拉开帷幕，如图11所示。班级初赛中，有引人入胜的故事表演、温馨的亲子故事、古香古色的经典诗词传诵。精彩角逐后，最终30位小选手进入全园复赛，幼儿在舞台上各具风采的朗诵表演赢得了现场小观众和家长评委的阵阵掌声，如图12、图13所示。

图12 故事团妈妈们在科创阅读节开幕式上和幼儿共同表演的童话剧

图13 幼儿和家长一起合影

读书节期间，家长故事团成员积极推动"21天阅读打卡"活动，如图14所示。通过连续60多天的阅读打卡，读书已是幼儿生活中不可缺少的一部分，亲子阅读时光更是每个家庭中最温馨的时刻，良好的阅读习惯在温暖有爱的氛围中，在爸爸妈妈的陪伴下越来越坚实。

图14　家长们积极为亲子阅读"打卡"

　　所以，充分发挥家长的资源优势，根据家长们的优势开展富有特色的家长助教活动，也是幼儿园特色课程发展的重要部分。

家长参与课程领导力的提升

　　家长是课程资源的重要部分，通过多维度参与，其课程引领力也在不断提升，逐渐成为幼儿园课程建设中不可或缺的一部分。在班级毕业纪念册的设计中，家长们出谋划策，带领幼儿一起策划、设计纪念册的模板，根据幼儿提出的想法不断地进行调整，最后家长进班带领幼儿进行制作，如图1至图4所示。

图1　幼儿制作的毕业纪念册独具创意
图2　家长现场变身"老师妈妈"为幼儿讲解纪念册的制作

图3　对幼儿成果——展
　　　示、指导和评价

2019年6月13日 下午12:08

与孩子的相处很快乐。
每个孩子都有自己的本
领。要知孩善教。
尽可能用我所学，配合
学校和孩子的发展特
点，善用可利用已有资
源，为孩子的成长尽一
份力

图4　"美妈老师"活动心得

在环保主题活动中，家长带领幼儿一起收集垃圾桶的设计图片，最后投票选出最受欢迎的设计——机器人垃圾桶。在将图纸的设计变成真实的物品中，家长带领幼儿收集材料、共同实施，最后做出了独特、适用于班级和幼儿园的机器人垃圾桶，如图5至图8所示。

搜集材料

将图纸和设计告知幼儿，家长带领幼儿各尽其能，为机器人搜寻材料

家长、幼儿合力完成

在班坂的自主活动时间，老师带领着孩子们一起工作，将机器人最终完成

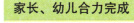

家长和幼儿画图纸

全班投票确定共同完成一个作品：赵俊丞的机器人垃圾桶

图5　经过投票决定、家长与幼儿共同收集材料，制作完成垃圾桶

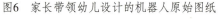

图6　家长带领幼儿设计的机器人原始图纸　图7　经过宝爸的设计，机器人垃圾桶图纸再现

图8　家长、幼儿、教师合力制作完成的机器人垃圾桶

　　家长是课程实施的重要参与者、配合者。一路走来，幼儿的成长离不开家长的鼎力支持，同时家长自身的教育观和课程领导力都有了显著的提升，如图9所示。

　　随着新时代的发展，建构家园共同体已经成为大家的共识，家长和教师在这个"家"中彼此信任、尊重、合作、依赖，共同参与幼儿的教育，为幼儿的发展做出自己的努力，实现家庭与幼儿园之间的良性互动以及家庭与幼儿园教育效果的最大化。

作为一名家长，总是想着孩子送到了幼儿园就应该是老师教就可以了。通过这一次垃圾桶的制作，原来我发现作为家长也可以成为老师的好助手去承担孩子们的活动组织，感觉很棒。

图9　"宝爸老师"心得

结　语

　　课程源于生活，润心无声。

　　园所的课程建设，是一趟任重而道远的旅程。在这个过程中，需要我们积极寻找科学适切的实施途径。

　　幼儿园要充分聆听教师对于课程建设的不同声音，并及时做好沟通与分享的工作，把握好课程改革的方向。

　　准确构建本园各类课程的结构，重视课程实施过程中的教学价值观，善于总结一切有用、有效的方法，促使课程建设能够有力地支撑园所的特色发展。

　　同时，幼儿园要注重培养优秀的教师队伍，善于发现教学团队中的领军人物，创造有利条件，搭建教师成长的平台，提升教师的专业化水平，从而确保课程建设的质量。

　　愿您们如品尝美酒般细细斟酌，享受其中之甘醇。